KB235026

고객님~ 까꿍!
맞춤형 가경CS매뉴얼

고객님~ 까꿍!

맞춤형 가경CS매뉴얼

문가경 지음

출판 이안

고객님~ 까꿍!
맞춤형 가경CS매뉴얼

초판 인쇄 | 2016년 8월 10일
초판 발행 | 2016년 8월 12일

지은이 | 문가경
펴낸곳 | 출판이안

펴낸이 | 이인환
등 록 | 2010년 제2010-4호
편 집 | 이도경, 김민주
주 소 | 경기도 이천시 호법면 단천리 414-6
전 화 | 031)636-7464, 010-2538-8468
팩 스 | 070-8283-7467
인 쇄 | 세종피앤피
이메일 | yakyeo@hanmail.net
홈카페 | http://cafe.daum.net/leeAn

ISBN / 979-11-85772-30-1(13320)   값 12,800원

「이 도서의 국립중앙도서관 출판예정도서목록(CIP)은 서지정보유통지원
시스템 홈페이지(http://seoji.nl.go.kr)와 국가자료공동목록시스템(http://
www.nl.go.kr/kolisnet)에서 이용하실 수 있습니다.
(CIP제어번호: CIP 2016018396))」

Prologue

왜 맞춤형 가경CS매뉴얼일까요?
- 기업의 고객지원부 담당자님들께

    고객만족경영, 고객경험관리, 고객관계관리 등은 단기간 매출의 성장을 볼 수 없는 분야입니다. 그 어떤 논문에서도 세 분야가 단기간 매출에 유익한 결과를 보인 것은 찾기 어렵습니다.

    경기가 위축되면 기업에서는 제일 먼저 CS교육과 컨설팅에 지출을 줄이기 시작합니다. 그러다 고객들이 이탈하고, 충성고객들의 참여도가 떨어지면 다시 CS를 찾곤 합니다. 신규고객 발굴보다는 기존고객 유지비용이 적게 든다는 것을 알고 있기 때문입니다.

    저는 지금까지 여러 기업체에서 맞춤형 CS매뉴얼을 개발해 왔습니다. 한국전기안전공사에서는 콜센터 센터장으로 근무하며 상담업무 매뉴얼, 불만고객응대 매뉴얼, 전산활용 매뉴얼, 237개의 상담스크립트 매뉴얼, 기술상담 매뉴얼까지 총 5개의 매뉴얼을 개발했고, 단기간에 극대화된 효과를 보는 성과를 이뤄왔습니다. 업무 매뉴얼의 개발로 업무의 표준화를 구축했고, 현장 직원들에게는 업무현장에서 몰입도를 높일 수 있게 했습니다.

LS엠트론 사출시스템 사업부에서는 MOT접점 매뉴얼을 개발함으로써 부서별 업무의 모호성을 개선했고, 업무현장에서 직원들의 체크사항, 행동, 서비스 언어 사용 등에 큰 효과를 불러일으켰습니다.

씨크릿우먼에서는 비수기를 활용한 고객관계관리 개선안으로 '텔레서비스 CS매뉴얼'을 개발했습니다. 주포인트는 '기업의 TM전화에 지쳐있는 고객들에게 어떻게 접근할 것인가'였습니다. 여기에서는 CS매뉴얼 개발을 통해 고객을 오프라인 매장으로 끌어올 수 있었고, 매장관리와 고객관계관리를 모두 진행해야 했던 매니저들에게 많은 도움을 주었습니다.

청송군청에서는 콜센터를 컨설팅하며 만든 매뉴얼로 현재

급부상하고 있는 6차산업의 상품개발과 스토리를 개발하여 관광산업에 이바지할 수 있는 계기를 마련했습니다.

이런 경험을 바탕으로 이제 맞춤형 가경CS매뉴얼을 제안합니다. 지금 시중에는 수많은 표준 CS매뉴얼이 있습니다. 하지만 이러한 CS매뉴얼은 기업의 규모나 사정에 따라 다르게 쓰일 수밖에 없습니다. 그런데 지금 이 순간에도 많은 기업에서 자사에 맞지 않는 표준 CS강의를 하며, 비용과 노력을 허비하는 경우가 있습니다. 따라서 저는 CS매뉴얼은 기업의 규모나 사정에 맞게 맞춤형으로 이뤄져야 한다고 봅니다.

그래서 그동안의 경험을 바탕으로 맞춤형 가경CS매뉴얼을 제안합니다. 우리 기업에 맞는 CS매뉴얼을 찾고 싶으시다면 제가 제안하는 맞춤형 가경CS매뉴얼을 살펴보시기 바랍니다. 조금만 신경쓰면 지금 바로 우리 기업에 맞는 맞춤형 CS매뉴얼을 개발할 수 있을 것입니다. 비용과 효율을 잡아주는 돈버는 맞춤형 가경CS매뉴얼이 함께 하겠습니다.

감사합니다.

어느 분야를 전문으로 강의하시나요?

- CS 강사님들께

"저는 커뮤니케이션쪽 전문인데요, 경기가 좋지 않아서 요청하시는 강의는 모두 진행할 수 있습니다."

처음에 CS강의 요청 전화를 받으면 제가 하던 답변입니다. 지금 생각하면 쥐구멍이라고 찾고 싶은 심정입니다.

"자신만의 전문분야를 잡으세요."

지금은 강사가 되고 싶다고 의뢰하는 분들에게 이렇게 코칭하는 제 모습을 보면 그야말로 격세지감입니다. 그동안 CS강사로 활동하며 저 자신을 브랜드화 시키기 위해 부단히 노력했습니다. 그래서 지금은 강의 요청을 받으면 이렇게 대답하곤 합니다.

"저는 맞춤형 CS매뉴얼 전문가입니다."

맞춤형 CS매뉴얼을 만들기 위해서는 고객이 누구인지 알고, 유형을 분석할 줄 알아야 하며, 유형별 커뮤니케이션 방법도 알아야 합니다. 또한 제품별 특징과 고객에게 제공되는 이익과 혜택, 즉 세일즈 접점과 그때 해야 할 접점 직원들의 행동, 말투 등까지 모두 알아야 합니다. 더 나아가 불만 VOC를 추출하여 회사의 개선안도 도출해야 하고, 잠재고객을 발굴해 세일즈와 링크를 거는 고객관계관리도 분석해야 합니다. 그동안 저는 '맞춤형 CS매뉴얼 전문가'가 되기 위해 부단히 노력했습니다.

이 책이 CS강사로 활동하는 분들과, 앞으로 CS강사를 꿈꾸는 모든 이들에게 자기 브랜드를 개발하는 텍스트가 되었으면 합니다. 어느 기업에 강의를 가더라도 그 기업에 맞는 맞춤형 CS매뉴얼을 도출해 내는데 이 책이 큰 보탬이 될 것이라 믿습니다. 언제나 여러분과 함께 하는 맞춤형 가경CS매뉴얼, 항상 기억해 주시기 바랍니다.

무엇을 기준으로 직원들의
역량을 개발해 주고 계신가요?

- CS 관리자님들에게

보스인가? 리더인가?

보스는 통제하지만, 리더는 아이디어를 갈구합니다. 보스는 성과를 지향하지만, 리더는 조직과 사람의 성장을 지향합니다.

우리는 어떤 관리자에 해당하나요? 관리자는 사람을 성장시킬 의무가 있습니다. 그 기준이 바로 '맞춤형 가경CS매뉴얼'이라고 자부합니다.

한국전기안전공사의 237개 상담 스크립트에는 고객 VOC별로 표준화된 답변이 기재되어 있습니다. 콜타임 2~3분 이내로 작성된 매뉴얼입니다. 1년 이상 근무자가 특이사항이 없는 고객인데 3분 이내로 끝내지 못하고 5분 이상 고객문의를 받고 있다면 어느 부분의 상담 멘트가 잘못 되었는지 찾아야 합니다.

고객의 니즈를 빠르게 파악하지 못한 것인지, 해결책에 대한 설명이 부족한 것인지, 방대한 수식어 사용이 많아서 그런 것인지 분석해서 고객불만을 잠재울 수 있어야 합니다.

가장 좋은 방법은 해당 상담원을 전문 스토리텔러로 성장할 수 있도록 역량을 개발해 주는 것입니다. 맞춤형 가경CS매뉴얼로 업무를 표준화함으로써 현장 업무에 능숙하게 활용할 수 있게 해줘야 합니다.

이 책이 우리 기업에 맞지 않는 표준 CS매뉴얼로 큰 효과를 보지 못한다고 고민하시는 여러분에게 큰 도움이 될 것이라 믿습니다. 우리 기업 직원들의 역량을 향상시켜주는 맞춤형 가경CS매뉴얼로 함께 할 수 있기를 바랍니다.

그동안 저를 믿고 찾아주신 모든 분들께 감사드리며, 앞으로 이 책을 통해 인연을 맺어갈 모든 분들께도 감사드립니다.

맞춤형 가경CS매뉴얼
저자 문가경

: **CONTENTS**

Prologue _ 005
고객지원부 담당자, CS강사, CS관리자에게

Part 1   Why? 왜 맞춤형 가경CS매뉴얼인가?

Part 2   What? 찾아라

서비스를 찾아라 _ 038

고객을 찾아라 _ 058

업무를 찾아라 _ 079

직원이 행복하고, 만족하며, 헌신적이고
에너지가 충만하면 고객에게 서비스를 잘하게 된다.
고객이 행복하면 그들은 다시 오게 된다.
그러면 그것이 주주도 행복하게 만든다.

– 사우스웨스트 항공 허브 캘러허 전 회장

Part 1

Why?
왜 맞춤형
가경CS매뉴얼인가?

세상을 변화시키고 싶다면
당신부터
변화된 삶을 살아라
– 마하트마 간디

자사 매뉴얼을 만들도록 이끈다

"강사님, 이번엔 교육 받고 바로 실행할 수 있게 만들어주세요!"

"강사님, 교육받을 때는 다들 눈이 초롱초롱한데 현장에서는 왜 배운 대로 안 할까요?"

"작년에 돈 많이 들여서 매뉴얼 만들었습니다. 그런데 직원들이 귀찮다고 안 하네요."

CS 교육이나 컨설팅을 가면 현장의 CS 담당자님들의 하소연을 많이 듣는다. 그동안 매뉴얼을 많이 만들었지만 현장에 그대로 적용하기가 힘들다는 것이다.

그렇다면 매뉴얼은 있는데 왜 우리 직원들은 매뉴얼대로

하지 않을까? 또는 매뉴얼대로 하는데 왜 고객 만족을 이끌어 내지 못하는 것일까?

그 이유는 크게 두 가지다. 첫째는 현장 적용도가 낮은 매뉴얼에 문제가 있기 때문이고, 둘째는 매뉴얼을 적용하는 직원들이 현장감에 맞게 풀어쓰지 못하기 때문이다.

예를 들면 이런 식이다.

어떤 사람이 자동차를 길가에 정차시키고 편의점에 생수를 사러 들어갔다. 그때 백화점 인포메이션에 있어야 할 서비스 직원이 편의점에서 이렇게 말하면 어떻게 될까?

"환영합니다, 고객님! 무엇을 도와드릴까요?"

"저기 생수 좀 사려구요."

"네, 생수 말씀이십니까? 제가 안내해 드리겠습니다."

"네."

"고객님, 여기 생수입니다. 가격은 천 원입니다. 결제 도와드릴게요. 현금으로 하시겠습니까? 카드로 하시겠습니까?"

"카드로 할게요."

"카드 받았습니다. 일시불이세요? 아니면 할부로 도와 드 릴까요?"

"일시불이요."

"네, 일시불로 결제 도와 드렸습니다. 더 필요한 건 없으십 니까?"

"없어요."

"네, 고객님 ! 시원한 생수 드시고 행복한 하루 보내세요!"

직원은 매뉴얼대로 했다. 하지만 생수 하나 구매에 이러한 서비스를 받는 고객은 부담스럽기만 하다. 그리고 이런 응대 를 한번만 더 받다가는 길가에 잠깐 정차한 차가 렉카로 견 인되거나, 불법주차 딱지를 받을 확률이 높다. 그럼 이 서비 스의 결과는 '꽝'이 된다. 생수 하나를 구입하러 갔다가 상냥 한 고객응대를 받고 주정차 딱지를 받는 고객의 마음은 어떻 겠는가?

직원은 아무리 매뉴얼대로 고객응대를 했다 하더라도 당

연히 고객 불만은 높아질 수밖에 없을 것이다. 현장 적용도
가 부족한 매뉴얼도 문제지만, 매뉴얼을 현장에 적절하게 적
용하지 못한 직원의 마인드도 문제인 것이다.

　이런 문제를 해결하기 위해서 맞춤형 가경CS매뉴얼을 만
들어 보았다. 맞춤형 가경CS매뉴얼은 현장에 구체적으로 적
용할 수 있는 특징을 지니고 있다. 기본 틀을 가지고 현장에
서 누구나 적절하게 운용해서 활용할 수 있는 매뉴얼이다.
　맞춤형 가경CS매뉴얼은 기존의 매뉴얼과 다른 얼개로 이
뤄져 있다. 기본틀은 여느 매뉴얼과 같지만, 각 기업에 맞게
스스로 융통성을 발휘할 수 있는 틀을 갖추게 했다.

　맞춤형 가경CS매뉴얼은 누구나 자사에 맞게 매뉴얼을 만
드는 틀을 제시하고 있다. 매뉴얼을 자사에서 스스로 만든다
면 서비스 접점 직원들을 이해할 수 있는 기회도 가질 수 있
고, 대화를 나누며 협업으로 만드는 과정에서 직원의 단합도
다질 수 있다. 또한 스스로 만든 매뉴얼이라 현장에 적용도

가 높고, 누구나 상황에 따라 융통성 있게 활용할 수 있다.

콩 심은 데 콩 나고 팥 심은 데 팥 난다. 돈 버는 CS매뉴얼을 현장에 적용도가 높게 하려면 우리의 매뉴얼은 우리 스스로 만든다는 자세를 가져야 한다.

자사에서 만드는 고객만족 매뉴얼! 그것을 도와주는 CS강사 문가경, 그래서 이 책의 제목도 맞춤형 가경CS매뉴얼이다.

이제 고객만족 매뉴얼을 자사에서 만들어 보자. 마음만 먹으면 어렵지 않다. 아주 쉽게 접근할 수 있다.

맞춤형으로 충성고객을 만든다

기존 고객을 유지하는 것보다 신규 고객을 유치하려면 6배 이상의 비용이 더 드는 것으로 조사됐다. 서비스 기업에 종사한다면 누구나 다 아는 사실이다. 그런데 왜 우리의 마케팅은 기존 고객을 잡는 것보다 신규 고객을 창출하는데 매달리고 있는가? 설마 대기업을 따라 하고 있는 건 아닌가? 그렇다면 정말 진지하게 생각해 봐야 한다.

고객 유치를 위해 대기업을 따라 하는 것은 위험한 일이다. 일반적으로 대기업은 기업의 지명도가 높다. 예를 들어 삼성은 대한민국 국민 모두가 알기 때문에 유치원생이 학교에 입학할 때 손목형 핸드폰을 구입하게 만드는 신규 고객을 이끌어 낼 수가 있다. TV 광고로 유명 아이돌이나 동일한 연령의 여자 아이를 모델로 등하고 길에 안전을 지켜주는 도우미의 역할을 한다고 유혹하면 삼성을 아는 부모들이 삼성을 믿고 그 핸드폰을 구입한다.

그런데 지명도가 낮은 기업은 어떠한가? 예를 들어 문가경 기업이 있다고 생각해 보자. 고객은 삼성은 잘 알고 있지만 문가경은 잘 모른다. 따라서 문가경이 삼성과 같은 광고를 했다가는 막대한 광고비를 감당하지 못해 망하기 십상이다. 또한 아무리 광고비를 투자한다 하더라도 고객들은 삼성을 알아주는 것만큼 문가경을 알아주지 않는다.

삼성에 비해 신규 고객을 유치하기란 정말 힘든 일이다. 기존 고객들이 바이럴 마케팅을 많이 해주어도 문가경에 대해 믿을 만한 확실한 정보를 확인하기까지는 쉽게 신규 고객이 되려고 하지 않는다.

그런데 삼성을 따라 한다면 어떻게 되겠는가? 뱁새가 황새를 따라가려고 하다간 다리가 찢어지기 십상이다. 마찬가지로 문가경이 삼성을 따라하다가는 금방 망하기 십상일 것이다.

대한민국에는 대기업보다 중견, 중소, 소상공인들이 훨씬 많다. 따라서 대기업을 따라 하는 매뉴얼은 이제 지양해야 한다. 우리 기업에 맞는 마케팅을 해야 한다. 대기업은 대기업에 맞는 방법을 찾아야 하고, 중견 기업은 중견 기업에 맞게, 중소 기업과 소상공인도 갖자 자신의 규모와 형편에 맞는 마케팅 전략을 세워야 한다.

그리고 가급적 대기업을 따라 신규 고객 창출에 매다릴 것이 아니라 기존 고객을 계속 유지하며 충성고객을 양산하는 고객관계관리(Customer Relationship Management: CRM) 마케팅으로 가야 한다.

기존 고객을 이탈하지 않게 하고 충성 고객으로 재구매할 수 있도록 이끄는 마케팅을 해 보았는가? 지금부터 그 마케팅에 관심을 갖고 집중할 수 있어야 한다.

그 첫 번째 단계가 DB 정리다. 누구를 기존 고객으로 하고, 누구를 단골 고객으로 할 것인가? 누구에게 전화를 걸어 어떠한 말을 할 것인가? 전화만 하고 끝나면 그것은 시간과

돈의 낭비다. 전화로 상품 구매를 이끌어 내거나, 적어도 오프라인 매장에 발길을 들여놓을 수 있도록 이끌어야 한다.

오프라인 매장에 방문해야 매출이 만들어진다. 따라서 어떻게든 매장까지 들어오게 해야 한다.

온라인 매장이라면 어떻게든 우리 사이트에 재접속할 수 있도록 이끌어야 한다. 사이트에 재접속을 한다는 것은 그만큼 재구매 의사가 있다는 것이다.

유명 백화점에 입점해 있는 헤어웨어 브랜드 '씨크릿우먼(SSecret Woman)'이 TM 컨설팅을 요청한 적이 있다. 브랜드의 명성답게 고객 DB 정리가 잘 되어 있었고, 현장 매니저들이 이미 고객관계관리 TM을 진행하고 있었다. 하지만 이러한 노력들을 고객들은 알아주지 않았다. 서비스 기업의 TM 전화에 대한민국 고객들이 이미 이골이 나 있는 상태였기 때문이다.

이러니 어떻게 해야 할까? 제일 먼저 전화를 드릴 때 어떤 멘트를 하고 있는지를 파악해야 한다. 서비스 전화에 이골이

난 고객의 마음을 잡기 위해 타사와 차별을 둬야 한다.

그래서 제안한 것이 고객과 전화가 연결되었을 때 '씨크릿 우먼'이라는 브랜드를 떠올리게 하는 것이 아니라 헤어웨어를 구입할 때 친절하게 응대해주고 착용을 도와준 직원을 떠올리게 하는 멘트를 하도록 했다. 고객의 생각을 브랜드에서 직원으로 바꾼 것이다.

기존의 TM 멘트는 이랬다.

"안녕하세요. ○○백화점 씨크릿우먼이에요."

그럼 고객들은 다음과 같이 대답한다.

"저 운전 중이에요."
"저 지금 통화 못 하는데요"
"네, 끊을게요."

이전에는 이렇게 전화를 받던 고객들이 멘트를 바꾸니 좀 더 친절하게 받기 시작했다.

"안녕하세요. 헤어웨어를 구입하셨을 때 도와드렸던 OOO입니다. 기억하시나요?"
"아, 예. 기억해요 그때 그 매니저님?"

이러다 보니 이전에는 30초 이내로 끊어지던 통화시간이 1분 30초 이상으로 길어졌다.

맞춤형 가경CS매뉴얼의 핵심이 여기에 있다. 바로 기존 고객들과의 맞춤식 관계 형성 비법을 적용해서 충성고객을 이끄는 것이다. 그 동안 전화에 투자했던 우리 직원들의 시간비용을 TM 매뉴얼 하나로 바꾸어 놓았다. 시간과 열정, 비용을 아끼는 맞춤형 가경CS매뉴얼, 잘 활용하면 그만큼 돈을 잡아주는 매뉴얼이 될 것이다.

내부고객을 만족시킨다

"나도 힘들어요. 직원들 바쁠 때는 저도 청소기 돌리고, 설거지 하고…, 그리고 나서 밀린 결재하고…. 에효! 우리 직원들은 이런 내 마음도 모르고…. 저는 노는 줄 안다니까요."

어느 복지관 대표의 푸념이었다. 국가 기금으로 운영되다 보니 보호해야 할 고객 몇 명 당 보호사와 식당 인원 등이 결정되어 있다. 그런데 현실은 턱 없이 부족한 인력에 업무가 많다고 아우성치는 직원들의 쌓여가는 불만들…. 견디지 못하고 퇴사해 버리는 직원, 그러자 퇴사한 직원들의 업무는 남아있는 직원들의 몫이 되어 내부 고객인 직원들의 불만이 쌓여만 갔다.

기업에서 외부고객을 유치하는 것만큼 내부고객인 직원의 불만을 줄여나가면서 업무에 만족할 수 있게 하는 것은 매우 중요하다. 내부고객이 만족해야 외부고객에게도 만족스런 서비스를 제공할 수 있기 때문이다. 이게 바로 'CS 선순환' 원리이다.

그런데 내부고객의 불만이 쌓여간다면 'CS 악순환'이 반복될 수밖에 없다. 이를 지혜롭게 개선해 나갈 수 있는 방법을 찾아야 한다.

그게 바로 맞춤형 가경CS매뉴얼이다. 먼저 내부고객을 위한 매뉴얼 개발을 통해 1인 당 업무 시간, 업무 내용 등을 정확히 확인할 수 있어야 한다. 매뉴얼을 통해 특정인에게 업무가 많다면 적정하게 분배해야 하고, 업무가 너무 적다면 직원을 줄이거나 업무를 적정하게 늘려나가야 한다. 그리고 시스템이 잘못 되었다면 투정만 부릴 것이 아니라 매뉴얼을 통해 데이터를 집계해서 타당한 근거를 만들어 개선안을 찾아야 한다.

예를 든다면 이런 식이다. 한국전기안전공사의 콜센터에서 콜센터를 오픈하고 일일 콜 인입량을 체크했다.

결과는 '콜량 대비 인원이 많다'는 VOC(Voice of Customer)가 들렸다. 한 명 한 명 혼자서 면접을 진행하고 소중하게 인연을 맺은 직원들을 콜량이란 아이가 괴롭히다니 용납할 수가 없었다. 그래서 더욱 밤을 새워 미친 듯이 매뉴얼을 개발했다. 신속하게 개발한 이유는 콜량을 늘리는 것이 콜센터 초기에는 힘든 일이었기 때문이다. 그렇다면 우리 직원들을 살리는 방법은 상담 범위를 늘리는 것이었다.

결과는 대단했다. 콜센터에는 전화로 한 번에 업무를 해결해 주는 '1차 처리율'이란 성과가 있다. 1차 처리율이 첫 달에는 52.2%가 나왔고, 3개월 뒤에는 80.4%로 28.2%의 향상 결과를 가져왔다. 그리고 콜센터는 한국전기안전공사에 인정을 받게 되었다. 더불어 나 자신에게는 40일만에 9kg의 살 빠짐이 일어났다.

그런데 그 무엇보다도 나 자신은 우리 직원들의 일자리를 지켰다는 것에 보람과 자부심이 더 컸다.

이 책을 쓰면서도 보고 싶은 우리 직원들은 너무나 예쁘게도 내가 만든 매뉴얼에 대해 다음과 같은 피드백을 주었다.

"매뉴얼대로 하니까 이해도 빨리 되고 정말 좋아요."
"센터장님! 그 업무 다음에 이 업무도 우리가 할 수 있을 거 같아요. 우리가 상담한다고 제안해 보면 어때요?"
"센터장님! 이 매뉴얼도 만들어 주세요!"

콜센터에 맞는 매뉴얼을 만들었더니 우리 직원들의 업무에 대한 만족감과 맡은 일에 대한 자부심이 대단했었다. 즉 맞춤형 가경CS매뉴얼은 내부직원들에게 만족을 주며 고객만족을 일으키는 고객경험관리(Customer Experience Management; CEM)도 가능하게 한다.

많은 기업은 직원들이 본인의 일에 스스로 동기부여 받기 원한다. 그래서 사장 마인드로 일해 달라며 다양한 컨텐츠

교육을 받게 한다.

그런데 이러한 강의는 어떤 결과를 가져왔는가? 물론 부분적인 효과를 무시할 수는 없다. 하지만 비용은 지불대비 성과에서 많이 떨어지는 것은 어쩔 수 없다. 동기부여를 원한다면 우리 직원들의 업무 경험을 관찰하고 조금 더 편안하게 조금 더 쉽게 누구나 만족할 수 있는 업무 프로세스를 만들어야 한다. 그래야 우리 직원들의 업무 만족도를 올릴 수 있고 자부심 또한 불어 넣어줄 수 있다.

따라서 자신에 맞는 더 나아가 내부고객을 만족시키는 맞춤형 가경CS매뉴얼에 관심을 가져야 한다. 그러면 외부 강사 초빙의 비용을 줄일 수 있고, 내부고객인 직원들의 업무 만족도를 향상시켜 'CS 선순환'이 일어난다. 이것이 바로 맞춤형 가경CS매뉴얼의 핵심이다.

 : 용어 정리

1. 고객만족경영 (CSM : Customer Satisfaction Management) :
고객만족을 궁극의 기업목표로 추구하는 신경영기법을 말한다.

2. 고객관계관리 (CRM : Customer Relationship Management) :
고객과 관련된 기업의 내외부 자료를 분석, 통합하여 고객 특성에 기초한 마케팅 활동을 계획하고, 지원하며, 평가하는 과정을 말한다.

3. 고객경험관리 (CEM : Customer Experience Management) :
제품이나 회사에 대한 고객의 전반적인 경험을 전략적으로 관리하는 프로세스, 전략이 동시에 과정과 실행에 중점을 두는 고객만족 개념이다.

Why? 왜 맞춤형 가경CS매뉴얼인가?

1. 자사 매뉴얼을 만들어 고객만족경영(CSM)을 일으킨다.

2. 맞춤형으로 충성고객을 만드는 고객관계관리(CRM)를 실현할 수 있다.

3. 내부고객을 만족시켜 고객경험관리(CEM)의 효과를 볼 수 있다.

Part 2

What?
찾아라

적극적인 언어를 사용하라.
부정적인 언어는
복 나가는 언어이다.

– 이건희

마케팅 전략을 세울 때 가장 먼저 진행하는 것이 마케팅 조사다. 조사를 하기 위해서 마케터들은 문제를 결정하고, 계획을 수립하며, 조사를 실시하고, 결과에 대해 커뮤니케이션과 보고를 한다.

여러분은 이 책을 선택할 때 CS 매뉴얼의 문제에 대해 직면하고 해결해야겠다고 결정했을 것이다. 그리고 이 책을 읽어나가며 매뉴얼을 만들겠다는 계획을 수립하였을 것이다.

이 파트는 맞춤형 가경CS매뉴얼을 만들기 위한 조사 단계이다. 고객만족을 일으키려면 서비스, 고객, 업무의 3요소를 찾아야 한다.

서비스에는 상품, 정보, 이미지가 있다. 고객에는 고객의 위치, 트랜드, 고객의 말(VOC)가 있다. 업무에는 담당, 방법(프로세스), 시스템이 있다.

기존에 알고 있더라도 저자와 함께 적어가며 책을 읽어나가자. 그러면 자사에 맞는 맞춤형 CS매뉴얼을 개발할 수 있다.

서비스를 찾아라

서비스에는 상품, 정보, 이미지의 세 가지가 있다. CS매
뉴얼을 준비할 때 제일 먼저 점검해야 할 요소다. 맞춤형 가
경CS매뉴얼에서는 어떻게 서비스를 찾는지 구체적인 사례로
알아보자.

1) 상품을 찾아라

"감사합니다. 문가경입니다."

"CS강사님이시죠?"

"네, 맞습니다."

"저는 한의원에서 근무하는 코디네이터인데요. 저희 원장

님이 외부 기관에 모니터링을 요청하라고 하셔서 전화 드렸
어요."

"아, 그러세요. 전화 주셔서 감사합니다. 제가 모니터링을
하기 전에 선입견이 생길 수 있으니 상호와 주소만 여쭙고
바로 진행해 드릴게요."

"바로 가능하군요?"

"네, 물론이죠."

"저, 그런데 저희 옆에 경쟁의원이 있어요. 그곳과 차별화
된 서비스를 제공하고 싶은데, 옆에서 모르게 해주셨으면 하
는데…. 가능할까요?

그래서 나는 의뢰한 곳과 경쟁하는 의원 두 곳을 다 찾아
가서 두 곳의 특징을 파악하기로 했다. 먼저 환자로 위장해
서 두 의원의 서비스를 받아 차별화할 수 있는 것이 무엇인
가 점검하기로 한 것이다.

그 날 나는 두 곳에 침을 두 번이나 맞고 집에 와서 침대
에서 일어나지 못하는 고통에 시달려야 했다. 나중에 한의원

에서 침을 맞는 것은 하루에 한 번만 해야 하는 것인데, 두 번이나 맞았으니 부작용이 일어났던 것이다.

어쨌든 그렇게 양쪽의 서비스를 받아보고, 모니터링을 의뢰한 곳에 경쟁력 있는 서비스를 제안했다.

이쯤에서 여러분도 생각해 봤으면 한다. 한의원 두 곳이 경쟁하고 있는데, 이 중에 한 곳에 경쟁력을 갖춘 서비스로 어떤 것을 제안할 수 있겠는가?

먼저 한의원의 서비스 상품을 살펴보아야 한다. 한의원의 서비스 상품으로 중요한 세 가지를 챙겨봐야 한다.

첫째, 한의원이라는 건물이 있어야 한다. 그리고 그 건물의 위치를 고객이 찾아오는 방법에 따라 안내하는 서비스가 구축되어 있어야 한다. 그래서 홈페이지에 '오시는 길'이라고 친절하게 안내를 해주고 있다. 그런데 가끔 홈페이지만 친절한 경우도 있다.

"홈페이지에서 확인하세요."

전화로 물어보면 상냥한 목소리로 이렇게 말해주는 직원들이 많다. 이는 전화에서 홈페이지로 업무를 미뤄버리는 불량 서비스에 해당한다.

둘째, 제품이 있어야 한다. 하루에 두 번 이상 맞으면 안 되는 것을 모르고 맞은 나를 침대에서 일어나지 못 하게 했던 침이 있고, 한약, 뜸 등 많은 제품이 있다. 이것을 찾아 점검해야 한다.

셋째, 장비가 있어야 한다. 지루한 대기 시간을 달래줄 혈압 측정기, 키와 몸무게를 재어주는 장비, 그리고 내가 가장 좋아하는 셀룰라이트를 파괴해 주는 다이어트 장비 등 다양한 것들이 있다.

나는 한의원의 다양한 서비스 상품들을 모니터링하며 최

초 문의사항이었던 경쟁 한의원과 차별화 포인트로 향기 마케팅을 제안했다. 이는 첫째 건물에 해당하는 서비스 상품이다. 오감 만족을 원하는 고객들에게 제공할 수 있는 서비스에 해당한다. 즉 한의원이니 문을 열었을 때 달콤하면서도 기분을 편안하게 해주는 쌍화차 향기를 나게 해서 고객의 오감을 만족시켜 주는 것이다.

그리고 추운 겨울이라면 따끈한 쌍화차 한 잔을 즐길 수 있도록 대기시간을 관리하는 서비스를 제안했다. 더불어 커피믹스를 모두 제거시키고 '박하차, 감잎차, 메밀차' 등을 비치했으면 좋겠다고 했다. 작은 서비스라도 고객의 건강을 중시하는 한의원 서비스를 제공하도록 컨설팅 한 것이다.

이런 식으로 서비스 상품을 하나씩 정리하고 체크해 가면서 우리 기업의 차별화 서비스까지도 찾을 수 있다. 지금 바로 건물, 제품, 그리고 장비를 체크해서 정리해 보자.

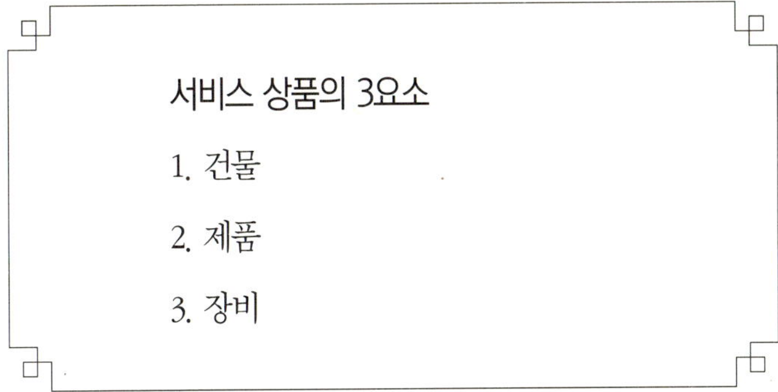

서비스 상품의 3요소

1. 건물

2. 제품

3. 장비

2) 정보를 찾아라

강의를 준비하며 아이디어가 떠오르지 않거나, 다른 강사들은 어떻게 강의 주제를 풀어나가는지 알고 싶을 때 CS관련 책들을 읽어나간다. 그때 그 책들은 내가 이 자리에 있도록 했고, 이 책을 집필하기까지 정말 큰 도움을 주었다.

그리고 이와 더불어 CS강의 촉진제로 쓰인 것이 하나 더 있다. 그것은 바로 강의 때 만나는 서비스 접점 직원들의 현장 노하우와 지식이다.

정보는 크게 대상, 시기, 지식으로 나눠 찾으면 좋다. 이렇게 세 가지로 나눈 정보를 어떻게 찾아야 하는지 구체적인 사례로 점검해 보자.

첫째는 대상이다. 연 4회의 강의를 계약하고 진행된 일룸의 이야기다. 그 날도 다양한 강의 주제 중에서 가장 자신이 있는 고객 접점 서비스에 대해 강의를 하고 있었다.

"우리 고객님들은 책상이 필요하다는 것을 느끼거나 우리 일룸의 광고를 보시고 매장에 방문하십니다. 서비스 직원들의 친절한 인사와 제품의 설명을 듣고…."

고객의 경험을 하나씩 짚어가며 강의를 풀어나갔다. 그리고 하나씩 사례를 드리며 역할연기를 진행했다. 이 역할 연기에서 나는 정말 강한 촉진제를 맞았다.

"강사님! 가족사진도 유용한 서비스 정보예요."

역할연기를 했을 때 고객이 구매한 가구를 배달하고 설치까지 해드리는 엔지니어가 경험담을 들려주었다.

'가족사진?

'왜 가족사진이 서비스 정보일까?

이런 생각에 빠져 있는데 그 분이 역할연기를 통해서 구체적인 이야기를 들을 수 있었다.

"안녕하세요. 일룸의 홍길동입니다. 아무개 고객님 맞으시죠?"

"네, 맞아요. 오셨네요. 어서 들어오세요."

"네, 고객님! 어디에 책상을 설치해 드리면 될까요?"

"저 쪽 방이요. 우리 아들방이 저 쪽이에요."

"네, 아드님 방에 설치해 드릴게요."

엔지니어는 아들 방으로 이동한다. 설치 장소에 놓인 책과 사진들을 한 쪽으로 밀기 전에 말했다.

“제가 책들을 좀 옆으로 밀어도 되죠?”

“에고, 무거운 데 고마워요. ”

“아드님이 잘 생겼네요. 공부도 잘하게 생겼구요.”

“네.”

“따님도 있으시군요? 정말 예쁘네요.”

“둘 다 몇 학년이에요?”

“아들은 초등학교 6학년이고, 딸은 아직 유치원생이에요.”

“내년에 학교 들어가겠네요?”

“네.”

“오빠만 책상 사준다고 동생이 질투할 거 같은데요?”

“유치원에서 돌아오면 한 마디 할 거 같아요. 자기는 책상
안 사준다구요.”

“음, 그러겠네요. 질투해도 예쁘죠?”

“네, 예쁘죠. 여유가 되면 딸도 하나 사주고 싶은데….”

“남자 아이들은 중고등학교 때 성장하지만 여자 아이들은
초등학교 때 성장을 하더라구요. 가격도 저렴하고 따님에게
딱 맞는 책상을 하나 추천해 드리고 싶은데, 카탈로그 한번

보여드려도 될까요?"

그 분은 이렇게 고객의 집에서 사진을 보고 대화를 진행하며 정보를 얻었다. 그리고 딸의 책상과 의자, 더불어 아들의 의자까지 세 가지의 상품을 판매하고 돌아왔다고 했다.

이렇게 강의 현장에서 역할연기를 통해 교육 담당자나 CS 관리자들이 예상하지 못했던 고급 정보들을 찾을 수 있었다.

더 큰 눈으로 보고, 더 큰 귀로 들어서 우리 기업과 관련된 서비스 정보들을 찾아보자. 예측하지 못한 부분의 서비스도 있지만, 예측 가능한 서비스 정보들이 더 많다.

그 중에 하나가 대상이다. 일룸에서 역할연기를 통해 찾은 아들이 첫 번째 대상이다. 그리고 가족사진을 통해 찾은 딸은 두 번째 대상이다. 일룸 회사의 책상과 의자 상품의 대상은 두 자녀가 해당되는 것이다.

둘째는 시기다. 일룸의 사례에서 상품의 판매 시기는 성장기에 해당한다. 올바르게 성장할 수 있도록 그리고 성장 속도에 맞추어 책상과 의자의 높낮이를 변화할 수 있는 제품의 속성이 시기와 부합했다. 여기에 초점을 맞춰 아들과 딸이 성장 시기에 맞춰 판매 전략을 세운 것이다.

셋째는 지식이다. 업무에 대한 지식이 없으면 세일즈가 어렵다. 아무리 대상과 시기를 알았다 하더라도, 아이의 성장 속도와 건강이 일룸의 상품과 어떻게 결부되는지 모른다면 의미가 없다. 먼저 확실한 지식을 알고 있어야 하고, 그 지식을 고객이 알아 들을 수 있도록 잘 설명할 수 있어야 한다.

서비스 정보를 통해 추가 대상을 찾고, 적절한 시기에 제품의 지식을 홍보와 판매로 연결하게 하는 스킬! 이 모든 것이 맞춤형 가경CS매뉴얼에 녹아 있다.

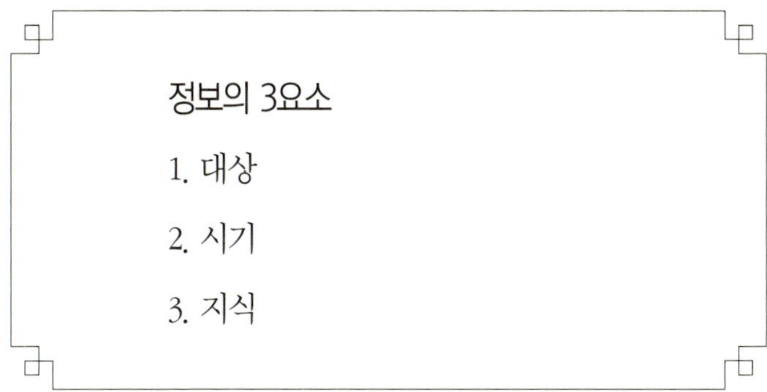

3) 이미지를 찾아라

일반용전기설비

자가용전기설비

일반용안전진단

위의 단어 중 알고 있는 단어가 있는가?

지금까지 접했던 회사의 제안서 작성 중에 가장 어려웠던 한국전기안전공사의 업무들이다. 전북대학교 전기전자과를 졸업했다는 자부심으로 홈페이지를 샅샅이 파헤쳐 봤지만 외계어라고 생각이 드는 것이 많았다. 대기업에 다니는 선후배 동료들에게 모두 물어봐도 잘 몰랐고, 발전소에 있는 후배에게 물어도 정확한 설명을 해 줄 수 있는 사람은 아무도 없었다. 그래서 맨땅에 헤딩을 잘 하는 성격상 한국전기안전공사 전북지역본부에 찾아갔다.

"저기, 정말 죄송한데요. 이번에 한국전기안전공사 콜센터를 꼭 수주하고 싶어서 이렇게 실례를 무릅쓰고 찾아왔습니다. 공사에서 콜센터를 구축하고자 하는 이유가 어떻게 되는지 조금이라도 알 수 있을까요?"

그때 마주한 대리님은 얼마나 황당하셨을까? 그런데 정말 감사하게도 친절하게 잘 설명해 주셨다.

전화 업무를 대신하면 현장 업무의 생산성이 올라갈 것이다. 현장 업무를 하다보면 전화를 간혹 놓치는 경우도 있는데 그때 연락이 안 되면 고객님들이 많이 답답해 하셨을 것이다. 이 부분을 콜센터가 해소해 주었으면 좋겠다. 현장 직원이 도착할 때까지 전화로 고객에게 안전감과 위로를 드렸으면 좋겠다고 했다.

위의 내용을 종합해 보면 한국전기안전공사의 콜센터 구축의 이유는 '국민의 행복과 안전을 최우선으로 하는 접근 용이성 강화'로 정리할 수 있다. 준정부기관으로 국민이 원할 때, 국민이 필요로 할 때 24시간 언제나 만날 수 있는 한국전기안전공사의 콜센터를 만들기 위해 모든 매뉴얼의 포인트를 안전과 접근 용이성으로 두었다. 전화 예절 강의 시 외치는 '친정정신(친절, 정확, 정중, 신속)'은 기본 바탕이었다.

전화로 전기안전에 대해 상담할 수 있도록 한국전기안전공사에서는 적극적인 업무 지원을 해 주셨다. 수시교육과 워크샵에서의 간담회를 통해 콜센터부터 현장 접점까지의 장단점을 찾고, 개선안을 마련하는 데까지 시간 투자를 아끼지 않으셨다.

접근 용이성을 높이기 위해 응대율에 촉각을 세웠다. 한정된 인원으로 한 콜의 전화도 놓치지 않도록 24시간 운영의 가장 효율적인 스케줄 매뉴얼을 만들었다. 그리고 스케줄 운영은 콜센터 직원들의 자발적 참여가 중요했기 때문에 우리 직원들이 스스로 작성하도록 했다. 정말 고맙게도 1년 이상의 운영에서 우리 직원들은 무단결근이 한 명도 없었고, 갑작스런 퇴사도 없었으며, 눈이 많이 온 날을 제외하고 단 한 명의 지각생도 발생하지 않았다. 이직율과 동기부여 미흡으로 골머리를 앓고 있는 콜센터 업계에서 정말 놀라운 기록에 해당할 것이다.

한국전기안전공사의 부가가치를 올리고 더 나아가 현장 직원들의 동기부여와 업무 몰입도를 높게 만들 수 있는 비결은 자사의 가치관, 비전, 그리고 미션에 모든 초점을 맞추어 CS 매뉴얼을 개발한 것이다.

이처럼 고객이 찾는 이미지에는 일반적으로 기업의 가치

관, 비전, 미션이 있다. 기업의 가치관은 매우 중요하다. 경영에서 포지션을 한다고 한다. 포지셔닝은 우리 기업을 고객의 마음에 심어주는 노력이다. 우리 기업에 맞는 매뉴얼을 개발하고자 한다면 대표의 가치관, 비전, 미션을 가지고 이미지를 찾아야 한다.

한국전기안전공사와 같은 공기업의 가치관은 국민의 행복과 안전이다. 그래서 모든 서비스는 안전을 위주로 한다. 전기 안전, 가스 안전 등에 가치관을 두고 프로세스를 만들어 나가게 했다.

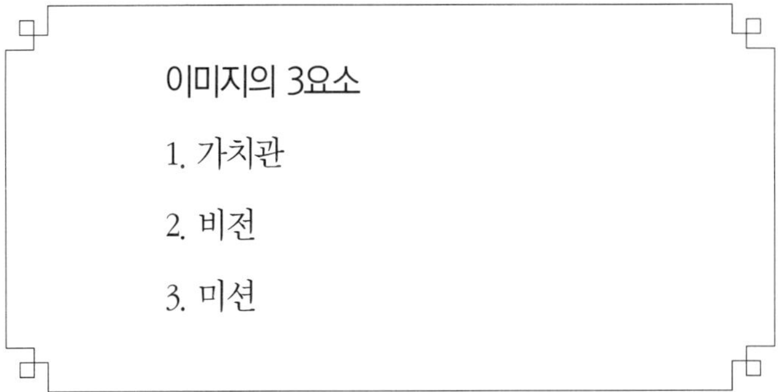

What? 서비스를 찾아라

1. 상품을 찾아라

1) 건물

건물명	주소	찾아오는 법	
		자가용	대중교통
전북 대학교	전북 전주시 덕진구 백제대로 567	호남고속도로 전주 톨게이트(우측방향) → 호남제일문 통과 → 팔달로 → 공설운동장 네거리(좌회전) → 전북은행 본점 → 전북대학교	4-1, 4-2, 5-1, 5-2

2) 제품

책상, 의자, 침대…

3) 장비

줄자, 드라이버…

2. 정보를 찾아라

1) 대상

대상	제품
(예시) 중학생	높낮이 조절용 책상

2) 시기

시기	제품
(예시) 성장기	높낮이 조절용 책상

3) 지식

지식	제품
(예시) 남녀의 성장시기	높낮이 조절용 책상

3. 이미지를 찾아라

1) 가치관

2) 비전

3) 미션

고객을 찾아라

매년 1월1일, 일출을 보며 또는 다이어리의 첫 장을 넘기며 그 해의 목표를 정한다. 수험생들의 경우라면 수능 점수, 직장인이라면 성과 몇% 상승, 그리고 대한민국 여성이라면 다이어트 목표 몸무게를 정한다. 이렇게 인생의 목표를 정하듯 기업은 마케팅을 위해 타켓 고객을 정한다.

신제품이라면 잠재고객을 정하고, 이미 많은 소비가 일어난 성숙기에 해당하는 제품이라면 기존고객 유지 또는 한계고객을 정해 마케팅 비용에 절감을 꾀한다.

가경CS매뉴얼도 이처럼 고객을 정하고, 분류한다. 프로세스마다 학자마다 고객을 분류하는 여러 가지 방법이 있지만 가경CS매뉴얼에서는 고객을 다음과 같이 분류했다.

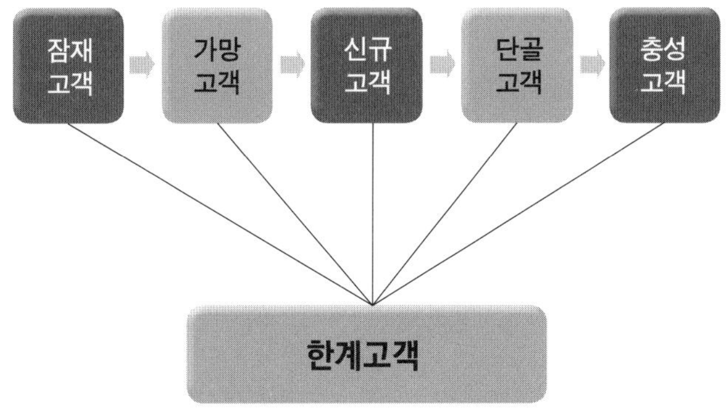

잠재고객은 지구 전체를 잡아도 좋다. 우리 기업을 정확하게 인지하지 못하고 있는 고객이다. '가경CS매뉴얼'의 동영상 강의나 책을 팔려고 할 때 알려고 하는 이가 잠재고객이고, 알고 구매할 의향을 가지면 가망고객이고, 구매했으면 신규고객이고, 앞으로 개발하는 것을 계속 관심 갖고 있으면 단골고객이고, 그 다음이 충성고객이다. 충성고객은 세일즈맨으로 다른 고객한데 홍보까지 해준다.

고객 중 결정이 어려운 유형은 바로 한계고객이다. 단계별로 언제든 한계가 있는 고객으로 이탈할 수 있다. 최근에는 만족이 되어도 한계고객이 되는 경우도 있고, 불만을 가져 한계고객이 되었다가 기업의 능동적 해결력을 보고 충성고객으로 전환하는 고객도 있다.

일반적으로 아동복을 생산하는 기업에서 단골고객인 아이가 성장하면 이제 한계고객이 되는 경우도 있다. 그래서 CS 매뉴얼을 만들기 위해서는 고객의 요구에 맞게 고객의 위치를 찾아야 한다.

고객을 찾기 위해서는 크게 세 가지를 고려해야 한다. 고객의 위치, 고객의 트랜드, 고객의 말이 그것이다.

1) 고객의 위치를 찾아라

"센터장님은 CRM관리 어떻게 하세요?"

"위에서 계약 성사 건이 없다고 쪼지 않나요?"

"아, 이번에 상승률 없으면 인원 감축하겠대요. 매일 똑같은 DB주면서 어떻게 계약을 얻어내라는 건지…. 이제는 고객들이 전화번호을 알아서 전화를 걸면 받아주지도 않아요."

모 은행의 콜센터를 운영하는 매니저의 한탄이다. 센터에 근무한 지 7년이 넘어가는 매니저는 3년 전부터 동일한 DB만 제공하며 계약건이 없다고 질타하는 은행 담당자에게 서운함이 날로 쌓여가고 있었다. 푸념을 늘어놓으며 직원들을 지킬 수 있는 방법을 알려달라고 했다.

계약건이 점점 줄어드는 데에는 DB만을 문제로 삼을 수는 없다. 고객과 관계를 맺는 시간, 상황, 응대 방법 등 계약에 연결된 변수들이 많이 존재한다. 하지만 여기의 은행은 3년 동안 동일한 DB를 제공한 점에서 DB의 개선이 시급한 문제였다.

여러분이라면 위의 매니저에게 어떠한 제안을 하겠는가? 우선 DB에서 찾아야 할 부분은 한계고객이고 전화 연결 성공률의 저하를 시각적으로 보여주어야 새로운 DB가 제공될 것이다.

위와 반대로 DB가 잘 정리된 회사도 있다. 헤어숍을 예로 들어보자.

요즘 정말 많은 헤어숍이 늘어나면서 원장님들의 마음은 무너져 가고 있다. 살아남는 법은 기존 고객을 계속 방문할 수 있도록 관계를 맺는 것이 돈을 투자하지 않고 이어갈 수 있는 가장 좋은 방법이었다. 그럼 누구에게 전화해서 어떤 말을 할 것인가?

우선 신규고객에게는 헤어를 디자인할 때 많은 소스를 만들어야 한다. 어느 부분을 살려드려야 할지, 두피 약한 분에게는 지속적 관리가 왜 필요한지 등 헤어 디자인만 하지 말고 고객에게 말을 건네어 다양한 소스를 만들어야 한다. 그리고 이 소스들을 잘 기록해 두었다가 관계로 연결시켜야 한다.

"고객님, 안녕하세요. 지난 번 머리 해드린 매니저 문가경이에요.”

“네, 안녕하세요.”

“그때 두피가 약하셔서 제가 천연재료로 신경을 써서 머리해 드렸는데 괜찮으셨어요?”

“네, 가렵거나 그러지는 않았어요.”

“음, 다행이네요. 저희 천연제품이 고객님 두피와 잘 맞는 것 같습니다. 다음에 오시면 이 제품 이용해서 그때 말씀하신 컬러로 염색하도록 도와드릴게요.”

“염색이요? 그럼 한번 도전해 볼까요? 약이 안 맞으면 바로 반응이 오는데 이번에는 아무 탈이 없었거든요. 혹시 주말에 예약이 돼요?”

“네, 그럼요. 고객님이 오시면 특별히 시간 비워둘게요. 주말 언제로 예약해 드릴까요?”

이제는 과거의 매스 마케팅은 통하지 않는 세상이다. 초니치 마케팅이 나올 정도로 일대일(1:1) 고객 맞춤형 서비스가 진행되어야 고객이 ‘한번 다시 가볼까?’라는 생각을 가질 정도다. 현대의 마케팅에 맞출 수 있도록 CS 매뉴얼에서는 고객 DB, 즉 고객 위치를 잘 정리해 두어야 한다.

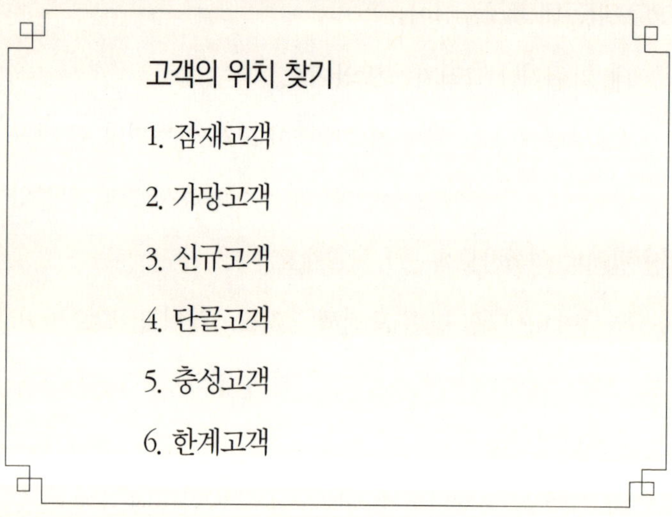

2) 고객의 트렌드를 찾아라

"우리 옷은 총을 잘 감출 수가 있어요. 지금 제가 입은 옷에 아무것도 안 들어있는 거 같죠? 자, 여기 봐요"

5.11 택티컬이 미국에서 쓰는 판매 전략이다. 안 주머니에서 열쇠 꾸러미, 핸드폰, 다이어리 등등을 꺼내 보이며 완벽히 숨길 수 있다는 것을 장점으로 내세운다.

"우와, 외관으로는 그냥 남방만 입고 있는 거 같은데 그 안에 그렇게 많은 게 숨어 있었나요?"

"네, 수납이 최고죠?"

"저희 아버지가 주머니 많은 옷 좋아하시는데, 우리나라는 거의 외부로 노출되게 주머니가 있어서 무언가를 잔뜩 넣으면 무거워 보이고 멋있어 보이지가 않아서 저희 어머니랑 그런 옷 잘 안 사드리거든요. 그런데 이런 옷이 있다니 정말 재미있는 아이템이네요."

"이걸 우리나라에 포지셔닝을 시켜야 하는데 어떻게 접근하면 될까요?"

미국의 법률기관과 경찰에 납품을 하는 5.11택티컬 브랜드의 공식 수입원 온택 대표와의 미팅에서 있었던 대화다. 우리나라에도 경찰과 소방기관에 5.11 택티컬에서 직접 의류와 장비를 납품하고 있는 브랜드였다.

온택 대표와의 숙제는 이러한 특수 의류와 장비들을 대중화 시키는 것이었다. 미국에서는 총기 소지가 허용되기 때문에 주머니에 총기를 숨길 수 있다는 광고가 먹혀 들었지만, 우리나라는 총기 소지는 물론 흉기조차 소지할 수 없으니 이 옷을 대중화 시키기란 쉽지 않았다. 아니, 그 방법이 전혀 없을 것만 같았다.

우리는 그렇게 오랜 대화를 나눈 끝에 아웃도어 시장을 대안으로 삼았다. 총기와 흉기를 티 안 나게 넣을 수 있는 주머니의 용도를 산악용 도구를 티 안 나게 넣을 수 있다는 것으로 광고를 하기 시작한 것이다.

"우리는 변하는 것들 속에서도 변하지 않는 것에 주목해야 한다. 그것은 인간의 기본적인 욕구와 욕망들이다. 인간은 어떤 상황에서도 먹고 자고 입어야 하며, 나아가 권력과 명예와 성공을 추구한다. 이중에서도 특히 소비트렌드와 관련이 깊은 욕망은 크게 두 가지, '자신의 개성을 표현하고

자 하는 욕망'과 '그 개성을 타인에게 과시하고 인정받고자
하는 욕망'이다."
- 김난도의 '2016 트렌드 코리아'에서

우리는 이런 것에 초점을 맞춰 5.11 택티컬을 한국에 포지
셔닝할 수 있도록 '개성 표현'과 '과시와 인정'을 키워드로 삼
았다.

일반 사람들도 5.11 택티컬을 입음으로써 산악 마니아라
는 개성을 표현할 수 있도록 광고를 한 것이다. 5.11 택티컬
을 입은 사람들이 산악 전문가라는 인상을 받게 만든 것이
다. 산악에 필요한 칼이나 장비들을 배낭에 넣지 않고 신발
이나 옷 어딘가에 넣어 언제나 쉽고 빠르게 사용할 수 있는
5.11 택티컬 의류의 한국 포지셔닝 전략으로 삼은 것이다. 이
것은 대성공이었다.

CS에서 고객의 위치를 찾았으면, 다음 단계로 고객이 찾는
트렌드를 찾는 것은 매우 중요하다.

고객의 트렌드를 찾는 방법은 고객의 위치에 따라 다르다. 나는 광고를 보며 트렌드를 찾는다. 특히 드라마는 바빠서 못 볼 때가 많아서 주로 광고를 많이 본다. 광고의 흐름을 보면 광고 마케터들이 제공하는 트렌드를 찾을 수 있다.

그 중에 H사의 자동차 광고가 정말 인상적이었다. H사는 10년 전에 안전도를 강조하는 광고를 많이 했다. 고객이 자동차에 안전성에 관심을 갖고 있다는 것에 착안한 것이다. 그런데 5년 후에는 앞 유리창에 떨어지는 빗소리를 보여주며 여름에는 에어컨을, 가을에는 단풍숲을 지나며, 라디오 볼륨을 줄이고 바람소리를 듣는 광고를 했다. 자동차의 안전성보다 고객의 감성을 터치한 것이다. 자동차의 소음이 없다는 것을 강조하는 광고를 한 것이다. 고객의 트렌드가 안정성에서 감성으로 바뀐 것을 캐치한 것이다.

요즘은 10년 이상 탄 노부부의 스토리를 보여준다. 10년간 타면서 그동안 있었던 이야기를 파노라마 식으로 스토리를 만들어 공감하게 한 것이다.

2016년의 트렌드를 광고로 보자. 보험회사 광고에서 젊은 여자가 보험에 대해 불안해 하면 "오빠가 책임져 줄게~" 하면서 불안을 해소하는 쪽으로 상품을 판다. 불안에 대한 해결을 트렌드로 삼은 것이다.

아파트 광고도 있다. 까만 정장의 바지 주머니에 손을 넣고 포즈를 잡는다. 엘리베이터를 타도 주머니에서 손을 빼지 않고 개성을 강조하며 서 있다. 아파트의 스마트한 시스템이 입주자의 개성을 어필해 주는 광고로 정말 스웨그(swag)함이 넘친다.

가경CS매뉴얼은 이처럼 현대 사회의 트렌드에 적용할 수 있는 구체적인 방안을 찾아 제시하고 있다.

고객의 트렌드 찾기

1. 트렌드 책 서치하기

2. 광고에서 찾아보기

3. 자사의 고객 트렌드 정리하기

3) 고객의 말(voc)을 찾아라

청송군청 콜센터 컨설팅을 하러 갔을 때의 일이다. 서울에서 출발하니 5시간 정도 걸린 것 같다. 산을 넘고, 또 넘고, 나중에는 내비게이션이 고장인가 의심할 정도로 첩첩산중을 넘어가니 아주 안락한 동네가 나왔고, 산꼭대기에 청송군청이 있었다. 깊은 밤 '아, 여기가 청송이구나!'라고 감만 잡고 KT 사택에서 잠을 청했다.

다음 날 청송군청 직원분들과 인사를 나눈 뒤, 서울에서 시스템 업체에게 교육받은 부분을 청송군청 콜센터 직원들에게 교육했다. 그리고 콜센터에 대한 개괄적인 교육도 진행했다.

그리고 일주일 뒤부터 부서별 담당자들을 찾아뵈며 해당 업무에서 어디까지 콜센터에서 안내를 할 것인지 업무 아웃라인을 그렸다.

그리고 밤샘 작업, 즉 매뉴얼 개발이 시작되었다. 비자 발급 안내부터 주산지에 물이 얼마 정도 있는지에 대한 답변까지, 다양한 VOC를 찾아서 스크립트를 작성했다.

청송군청의 VOC는 다른 공공기관과는 다르게 관광과 관련된 문의가 정말 많았다. 관광자원은 제품처럼 손으로 잡고 직접 시연을 해서 보여드릴 수 없는 무형적인 상품이었기 때문에 유형적인 것처럼 시각화하기 위해 많은 시간을 투자했다.

청송군청의 많은 부분을 차지하는 문의는 다음과 같았다.

"주왕산은 언제 가야 멋있어요?"
"이번 주말 주산지에 물안개가 필까요?"
"금소나무가 있다고 하는데 어떻게 생겼나요?"
"왜 청송사과가 맛있어요?"

지역사람이 아니라면, 아니 지역사람이라 해도 청송에 방문할 수 있도록, 그리고 청송 사과를 구입할 수 있도록 설득해야 하기에 정말 어려운 질문들이었다.

이처럼 무형적인 서비스에 대해 안내하기 위해서는 상품

들이 가지고 있는 다양한 지식을 많이 알고 있어야 한다.

주왕산은 폭포가 많아 여름에는 시원함을 맛볼 수 있고, 단풍이 멋있기 때문에 가을도 풍치를 즐길 수 있다. 그리고 겨울에는 세계 빙벽대회가 있어 우리나라 어디에서도 볼 수 없는 경기를 관람하고 체험할 수 있는 곳이다. 그렇다고 1년 내내 오라고 한다면 서비스 직원으로서 책임감이 없는 업무 태도다. 주왕산과 관련된 지식을 바탕으로 고객 니즈를 파악해서 여름에만 휴가가 있는 고객이라면 여름의 주왕산을 강력하게 어필해 드려야 했다.

가경CS매뉴얼은 '고객의, 고객에 의한, 고객을 위한' 고객만족 설명서다. 이 설명서의 기본 툴(Tool)은 바로 고객의 말에 있다는 것을 알아야 한다.

이것을 전문용어로 VOC(Voice of Customer)라고 한다. 고객이 직원인 나한테 했던 말들을 자유롭게 적어보는 것이다. 그리고 이 부분에 대해서 대본을 만드는 것이다.

이것이 곧 매뉴얼이 되는 것이다. 고객의 말을 많이 정리해서 그에 대한 해결책을 제시하는 것이 바로 가경CS매뉴얼이다.

고객의 말(VOC) 찾기

1. 고객의 문의사항 경청하기

2. 고객에 의한 니즈 찾기

3. 고객을 위한 설명하기

1. 잠재고객

자사의 제품이나 서비스를 이용할 것인지 여부가 불확실하고 애매모호하게 느껴지는 고객을 말한다.

2. 가망고객

자사의 제품이나 서비스를 구매하지 않은 사람들 중에서 향후 자사의 고객이 될 수 있는 가망이 있는 고객을 말한다.

3. 신규고객

가망고객이 처음으로 구매를 하고 난 후의 고객을 말한다.

4. 단골고객

반복구매 차원을 넘어서서 자사 제품이나 서비스 중에 활용 가능한 것은 거의 대부분 구매하는 고객을 말하는 것으로 지속적이고 강한 유대관계를 유지하는 고객을 말한다.

5. 충성고객

단골고객의 성향을 포함함은 물론 다른 사람까지 추천하는
적극성을 띤 고객을 말한다.

6. 한계고객

비활동고객의 범위를 뛰어넘어 구매행동이 전혀 일어나지
않는 사람으로 기업의 기준에 의해 더 이상 자사의 제품이나
서비스를 이용하지 않는 고객을 말한다.

7. 고객의 소리(Voice of Customer)

관리 시스템 콜센터에 접수되는 고객불만사항을 접수부터
처리가 완료될 때까지 처리상황을 실시간으로 관리하고 처
리결과를 관서별로 지표화하여 관리 · 평가함으로써 고객의
체감서비스를 향상시키는 고객관리시스템

What? 고객을 찾아라!

1. 고객의 위치를 찾아라

구분	잠재고객	가망고객	신규고객	단골고객	충성고객
이용횟수	0회	0회	1회	10회	10회
방문 주기	—	—	—	1개월마다	15일마다
추천고객	—	—	—	0명	5명

※ 위의 예시처럼 자사 고객들의 이용횟수와 방문주기의 평균을 내어 단골고객의 기준을 정한 후 고객 위치에 해당하는 DB를 정리하시면 됩니다.

구분	잠재고객	가망고객	신규고객	단골고객	충성고객
이용횟수					
방문 주기					
추천고객					

2. 고객의 트렌드를 찾아라

3. 고객의 말(VOC)을 찾아라

문의사항	니즈파악	설명하기
(예시) 청송사과가 왜 맛있어요?	청송사과 구입	청송사과가 맛있는 이유는 꿀이 많기 때문입니다. 사과의 꿀은 일교차가 클수록 많이 나타나는데 청송은 지리적으로 일교차가 커서 꿀이 많습니다. 그리고 껍질도 얇고 과육이 단단해서 식감도 탁월합니다. 직거래가 가능한 농장을 안내해 드릴까요?

업무를 찾아라

왜 업무를 펼쳐야 하는가? 모든 기업은 내부고객의 만족도를 향상시키기 위해 다양한 노력을 많이 하고 있다. 그럼에도 불구하고 이직율은 감소하지 않고 있다. 이직의 원인에는 크게 세 가지가 있다.

첫째가 인간관계, 둘째는 업무과중(야근), 셋째는 급여에 대한 불만이다. 세 가지 모두를 '지혜의 왕'이라 불리우는 솔로몬이 나타나서 뚝딱 해결해 준다면 얼마나 좋을까? 정말 어려운 숙제이기는 하지만 기업들은 이를 하나하나 풀기 위해 많이 노력하고 있다.

삼성에서는 인간관계의 개선을 위해 호칭 파괴를 시작했

다. 수직문화를 바꾼다는 의미로 직급을 떼고 'OOO님'으로 호
칭을 통일시켰다.

　나이키에서는 직원들의 업무 만족도를 향상시키기 위해
낮잠을 잘 수 있는 '콰이어트 룸(Quiet Room)'이라는 수면실을
만들었다고 한다. 구글도 낮잠 휴게실을 만들어 행복한 직원
이 일도 잘하게 하는 1석 2조의 경영 혁신을 꾀하고 있다.

　우리나라에서는 적용하기 어렵고, 꿈만 같은 이야기라고
생각되는가? 전혀 불가능한 이야기는 아니다. 통계분석만 잘
한다면 우리도 현실로 이룰 수 있다.

　얼마 전까지 근무했던 콜센터에서 완벽하지는 않았지만
전화량이 많지 않을 때 직원들이 쉴 수 있도록 '휴식시간'을
찾는 통계를 분석했다.

　고객사와 약속한 응대율이 있었기 때문에 그 응대율을 지
키며 직원들을 조금이라도 쉬게 할 수 있는 방법은 무엇이었
을까? 그것은 전화를 받을 수 있는 현재 출근 인원으로 생산
성을 도출하고, 실시간 인입되는 콜량을 파악해서 포기호가

몇 개일 때 응대율이 떨어지는지를 계산했더니 직원들 1인당 20분 정도라도 쉬는 시간을 만들어 줄 수 있었다.

리더가 조금 힘들더라도 계속 매뉴얼을 만들고 이를 바탕으로 통계를 분석하면 우리 직원들의 업무 만족도를 올릴 수 있는 방법은 얼마든지 찾을 수 있다.

내부고객의 만족도를 올려줄 수 있는 방법을 찾아주는 이번 장에서는 업무를 찾는 것이다. 내부고객간의 갈등이 생기지 않도록 담당자를 정확하게 찾고, 업무를 진행하는 프로세스 즉 방법을 정리한다. 그리고 업무에 가속도를 붙여주는 시스템을 매뉴얼화함으로써 이 글을 읽는 독자들이 근무하는 회사에서도 내부 고객이 원하는 경영 혁신을 찾았으면 하는 바람이다.

그럼 지금부터 혁신을 찾는 매뉴얼을 작성해 보자.

1) 업무 담당

"감사합니다. 콜센터 OOO입니다. 고객님, 무엇을 도와드
릴까요?"

"네, 거기 군청이죠?"

"네, 군청 맞습니다."

"제가 오늘 아침에 운동하며 고택을 지나왔는데요. 거기에
그 오래된 소나무 있잖아요?"

"네, 고객님. 소나무가 있죠"

"에고, 그 소나무를 살려주셔야 될 거 같아요. 정말 오래된
나무이고 귀한 나무인데, 세상에 그 나무를 넝쿨이 올라타서
힘들어 보여요. 이거 어느 부서에 이야기해야 해요?"

"네, 제가 그러면 산림과에 연결해 드릴게요. 연결 도중 끊기
게 되면 OOOO번으로 전화 부탁 드리겠습니다. 감사합니다."

그리고 고객의 전화는 산림과에 연결이 되었다.

그런데 5분 뒤 다시 그 고객에게 연락이 왔다.

"감사합니다. 콜센터 OOO입니다. 무엇을 도와드릴까요?"

"아까 전화한 사람인데요. 그 소나무가 문화재 안에 있다고 산림과에서는 담당이 아니라고 전화를 끊는데요?"

"전화를 끊으셨어요? 너무나 죄송합니다. 문화재 담당이라면 문화관광과에 연결해 드릴게요. 잠시만 기다려 주시겠습니까?"

과거에 공공기관에 전화해서 바로 담당자에게 연결이 되는 것은 정말 하늘에 별따기만큼 어려웠다. 나의 경우에도 5번을 거쳐서 연결이 된 경우가 있었다. 위의 사례처럼 고객의 니즈는 하나인데 왜 전화를 두 번 이상 해야 할까?

그 이유는 기존에 작성된 매뉴얼에서 업무마다 담당부서와 담당자의 명시가 빠져있기 때문이다. 상품 별로 특징, 구매 고객, 구매 시기 등등이 잘 기재가 되어 있어도 담당자가 명시되어 있지 않으면 고객은 그 상품을 구매하거나 문제를 해결하기 위해 해당 기관 또는 기업의 여러 사람을 만나야 하는 노력을 해야 한다.

CS 매뉴얼에는 다망부서와 직책 중 대체로 누가 업무를 담당해주는지, 담당자가 혹여 부재라면 부는 누구인지, 즉 담당자를 정해서 기재해야 한다.

매뉴얼 작업이 잘 되어져 있는 콜센터가 생기며 최근에는 담당자가 아니라며 돌고 돌리는 일이 많이 줄어들었다. 매뉴얼의 효과라고 말할 수 있다.

맞춤형 가경CS매뉴얼을 잘 활용하면 담당부서, 담당자, 그리고 그 문제를 해결하는 권한을 가지고 있는 직책, 더 나아가 정과 부를 나눠 고객 불만을 최소화함으로써 고객 만족의 큰 효과를 볼 수 있다.

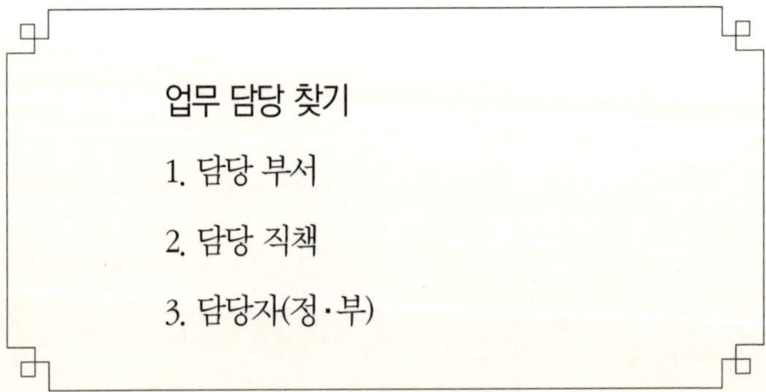

2) 업무 방법(프로세스)

"여러분은 고객을 만족시키기 위해 무엇을 하고 계십니까?"

"이제는 만족을 넘어서 졸도까지 시켜 드리려고 노력하고 있습니다."

"기대 이상의 서비스를 제공하고 있습니다."

"졸도 시켜 드리고, 기대 이상의 서비스에는 무엇이 있나요?"

"……(답변 없음)"

CS강의 10년 차에 해당하는 저자도 고객을 만족시키는 방법을 찾는 것은 참으로 어려운 일이라고 생각한다.

"What?"

'무엇'이라는 구체적인 답변을 요구하는 질문에 뾰족한 해답을 제시하기란 참으로 어려운 일이다. 그런데 얼마 전 참석한 학회에서 정말 명쾌한 답을 들을 수 있었다.

"고객만족은 '고객의 노력을 최소화 시키는 것'입니다."

반박할 수 있는 질문을 절대 떠올릴 수 없게 하는 해답이었다. 그럼 현대 사회에서 고객이 자신의 니즈를 해결하고 싶어할 때 노력을 최소화하게 하는 것은 무엇이 있을까?

가장 핫한 이슈는 '옴니(Omni)채널' 서비스다. 모든 방식을 동원해서 고객의 노력을 최소화 시키는 전략이 여기에 해당한다.

내가 이용했던 대표적인 옴니채널에는 롯데백화점의 쿠폰북이 스마트폰에서 활성화가 된다. 본점이든 전주점이든 롯데백화점에 등장하는 그 순간 방문한 지점의 쿠폰북이 바로 켜진다. 그리고 그 날의 상품권 행사과 세일하는 브랜드에 대해 아주 친절하게 알려준다. 고객이 우편으로 전달되는 쿠폰북을 챙겨오지 않아도 APP 쿠폰북으로 모든 혜택을 누릴 수 있다. 이러한 옴니채널 서비스처럼 CS 매뉴얼에는 고객의 노력을 최소화할 수 있도록 업무 처리 프로세스와 방법이 한 눈에 정리가 되어 있어야 한다.

업무를 해결하기 위해 필요한 구비서류, 소요시간, 절차 등에 대해 고객이 최소한의 노력으로 얻어갈 수 있게 해야 한다. 과거처럼 담당자와 통화하려면 세 번 이상의 전화를 해야 하고, 전화 받는 사람이 다를 때마다 대답이 달라져서 결국 고객이 직접 방문하게 하는 서비스는 지양해야 한다.

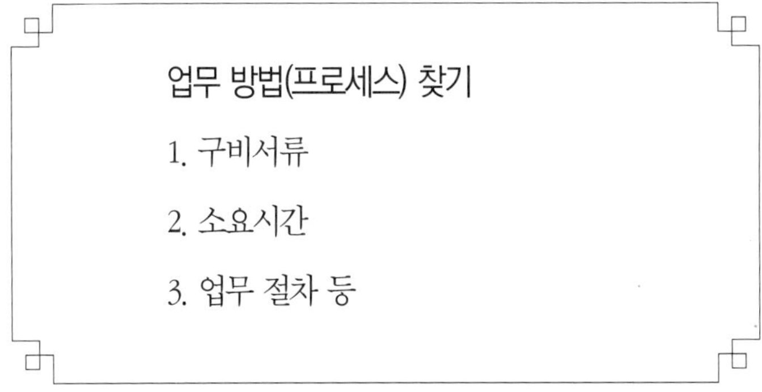

3) 업무 시스템

"(큰 목소리로) 고객님! 제가 더 크게 말씀 드릴게요!"

"(더 큰 목소리로) 고객님! 한 글자씩 말씀 드릴게요!"

"(천장이 뚫릴 정도의 큰 목소리로) 고객님! 혹시 주변에 다른 분 안계세요?"

글로 적어야 하는 게 너무나 안타깝다. 위의 이야기를 고래고래 소리를 질러가며 직원이 외쳤다. 칸막이가 있는 내 사무실에서도 직원의 큰 목소리에 천장이 뚫리는 줄 알았다.

그렇다면 콜센터 직원은 왜 고함을 질러가며 해야 했을까?

그 이유는 고객님이 청각 장애인이셨기 때문이다.

얼마나 답답하셨으면 본인이 잘 들리지 않는데도 불구하고 콜센터에 전화를 했을까? 그래도 정말 다행인 건 이 고객님은 약간이라도 들리고, 말소리가 나오는 분이었기 때문에 전화를 거실 수 있었다. 몇 번의 고함과 긴 통화로 고객님 댁 주소를 알아낼 수 있었고, 고객의 문제를 해결할 수 있었다.

위와 같은 상황에서는 어떻게 고객을 만족시켜야 할까? 이 방법 또한 매우 간단하다. 고객 접점 채널, 즉 시스템을 다양화 시키는 것이다.

고객 접점 채널은 매우 다양하다. 홈페이지, SNS, SMS 등 고객이 사용할 수 있는 다양한 시스템들을 찾아서 우리 회사에 도입하면 된다.

몸이 아프신 분들도 긴박하게 전화하실 수밖에 없는 기업에 SNS 상담 채널을 제시했다.

팩스 이메일을 보내는 것은 방법이고, 이것을 잘 갖춰 만드는 것이 시스템이다. 팩스 대신 인터넷으로, 혹은 홈페이지로 보게 하든, SNS로 서비스를 하든지 시스템을 만들어 보자.

홍보와 서비스로 만들자. 오감을 잘 이용해서 보내주는 것이다. 시각이나 청각이 어려운 분들까지 골고루 혜택을 받도록 만드는 것이다.

"고객님 주소요!"

이렇게 소리치는 것을 방지하기 위해서 만드는 것이다.

자사 시스템을 점검해 보자. 직원의 나이, 입사일, 정보 등을 통해 내부 고객을 관리하기 위한 시스템을 만드는 것이 좋다.

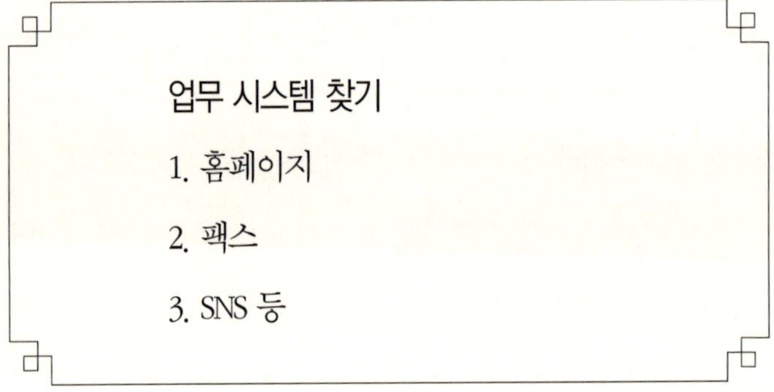

What? 업무를 찾아라

1. 담당

업무명	담당	직책	담당자
(예시)문화재	문화담당과	과장	정 : ○○○ 부 : ○○○

2. 업무 방법(프로세스)

업무명	구비서류	소요 시간	절차
(예시)가족할인	가족확인증명서 (등본)	익일부터 가능	콜센터 또는 방문 접수

3. 시스템

홈페이지 주소	팩스 번호	어플 이름
www.jbnu.ac.kr	—	전북대학교

Part 3

How?
연결하라

행복한 사람은 다른 사람을 위해
어떻게 봉사할 것인가를
추구하고 찾아내는 사람이다

– 알버트 슈바이처

고객의 경험을 연결하라

1) 서비스 모둠

"너 어떻게 요리해 먹어? 요리학원 다녔어?"

"아니, 그냥 하면 돼!"

"그래도 방법이 있을 거 아냐. 난 요리할 줄 모르는데 너무 걱정이다."

"이리 와 봐!"

아이 둘을 키우고 있는 고등학교 동창 집에 놀러가서 내가 제일 자신 없어하는 요리에 대해 묻자 친구가 주방에서 고추 장을 꺼냈다.

"이거 고추장이구만! 고추장만 넣는다고 요리가 돼?"

"진짜 너 걱정이다. 요리 하나도 모르지. 친구야, 결혼하면 내가 이거 줄 테니까 꼭 가지러 와라. 이거 기본 양념장이잖아. 닭도리탕을 하든, 김치찌개를 끓이든, 이 기본 양념장이 있으면 모든 요리 OK이야!"

모든 요리를 해결해 준다는 양념장! 요리를 할 줄 아는 사람이라면 모두 공감을 할 것이다.

나는 여기에서 착안을 해서 각 기업마다 자신에 맞는 CS매뉴얼이 있지만, 따져 보면 양념장처럼 모든 기업의 CS매뉴얼에 공통적으로 쓰이는 매뉴얼이 있다는 것을 알았다. 그래서 그 양념장을 만들기 위해 맞춤형 가정CS매뉴얼을 만들기로 했다.

이제 여러분에게 그 양념장을 공개한다. 우리 함께 모든 요리의 해결사인 양념장으로 쓸 수 있는 맞춤형 가정CS매뉴얼을 함께 만들어 보자.

그 양념장의 이름은 바로 '서비스 모둠 Tool'이다. 우리가 앞에서 열심히 찾았던 서비스, 고객, 업무를 연결하면 '서비스 모둠 Tool'은 쉽게 만들어 진다.

먼저 행에는 상품을 나열하고, 열에는 그 상품에 해당하는 서비스와 고객, 그리고 업무를 연결하면 된다. 그러면 이것이 바로 '서비스 모둠 Tool'로 완성되는 것이다.

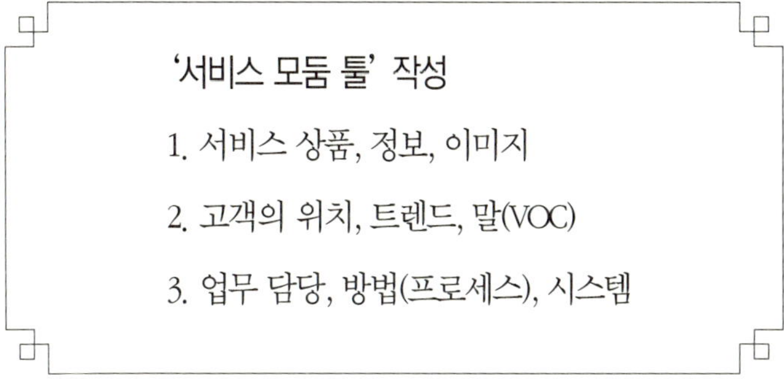

2) 서비스 단위

"폐업률이 점점 늘어나고 있다."
"대한민국은 곧 인구절벽에 놓이게 된다."

"과거에는 잘 나갔었는데, 예전만큼 안 된다."

지금 이게 우리 대한민국의 실정이다. 경기가 꽁꽁 얼어붙고, 침체기에 빠져있는 상황에서 어떻게 해야 할 것인가?

이제 움추린 어깨를 펴고 밖으로 나와야 한다. 나와서 더욱 적극적으로 마케팅을 해야 한다.

그렇다면 어떠한 마케팅을 할 것인가?

기존 고객을 재방문하게 하는 마케팅을 해야 한다. 재방문을 만들기 위해 맞춤형 가경CS매뉴얼에서는 서비스 단위를 연결시키는 것을 제안한다. 서비스 단위는 가장 평이하게 다음과 같이 3단계로 나누어 연결한다.

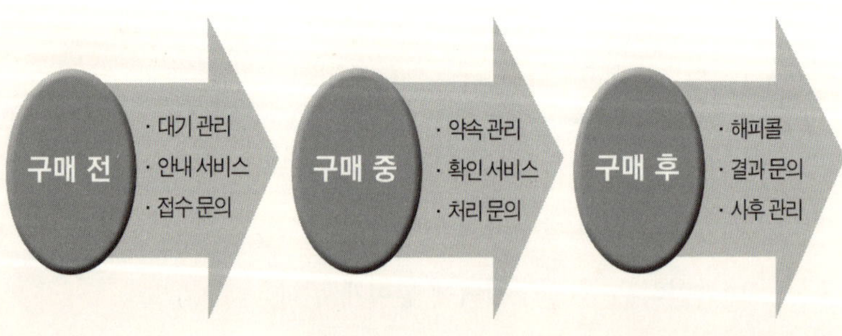

서비스 구매 후 고객을 서비스 구매 전 단계로 연결하는 것이 바로 기존 고객을 재방문하게 하는 전략이다. 구매하고 떠난 고객을, 구매 전으로 연결하는 방법은 제품의 필요성을 다시 느끼게 만들면 된다.

내가 컨설팅했던 '씨크릿우먼'의 사례를 들어 보자.

'씨크릿우먼'은 매장을 방문한 고객이 제품을 구매하지 않아도 고객의 말과 착용해봤던 제품, 그리고 고객들의 성향까지 꼼꼼하게 기록해 둔다. 구매 중에는 더 세밀하게 기록한 데이터가 늘어났다. 나는 이런 기록들을 보고 감탄을 금치 못했다. 컨설팅하는 입장에서 정말 편하게 할 수 있었다.

나는 먼저 매장 직원들이 기록해 둔 일지를 가지고 고객에게 일대일(1:1)로 마케팅할 수 있는 스크립트를 만들어 드렸다. 그리고 몇 가지를 물어서 정보를 확인했다.

"그때 따님 상견례 장에서 어떠셨어요?"

"모임에서 사람들이 예뻐졌다고 하시죠?"

"영업하시는 곳에 착용하고 가셨죠?"

이렇게 질문해 가면서 고객들의 구매 전 이야기와 상황들을 구매 후로 연결시켜서 사후 관리를 하게 했다. 그리고 의복처럼 새로운 디자인의 제품을 구매한 고객들에게 소개함으로써 구매 전 상황의 고객으로 연결하여 상품을 팔 수 있게 만들었다.

이렇게 구매한 고객을 구매전의 고객으로 연결해서 충성고객으로 만드는 매뉴얼 비법이 바로 맞춤형 가경CS매뉴얼의 핵심이다. 양념장처럼 어느 기업에서나 자신에게 맞는 CS매뉴얼로 활용할 수 있게 만든 것이다.

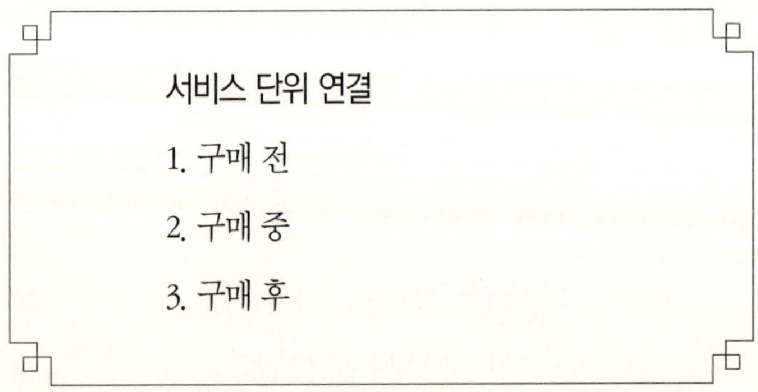

3) 서비스 순간

"우리 부서는 잘하고 있는데 저 부서에서 꼭 불만을 만들
어요."

"요즘 홈페이지가 자주 다운되어 고객들 불만이 말이 아니
에요."

이런 것들은 고객만족에서 '곱셈 법칙'에 해당하는 사항들
이다. 수학에서 '100-1=99'에 해당하지만 고객만족에서 '100-
1=0'에 해당한다. 고객만족에서 100과 1은 고객 접점의 순간
들을 말한다. 접점의 순간들은 100가지 더 나아가 1,000가지
이상이 될 수 있다.

그래서 우리 부서 접점에서 고객을 열심히 만족하게 만들
어도 다른 부서에서 불만족하게 만들면, 우리 기업의 고객 평
가는 불만족이 되는 것이다.

인적 서비스는 매우 훌륭하지만 시스템인 홈페이지가 말
썽을 일으켜 불만이 발생된다면 우리 기업의 고객 평가는 불

만족이다. 즉 백 가지를 잘 했어도 한 가지를 잘못하는 바람에 다 잘못한 것으로 드러나는 것이다.

많은 기업들이 이렇게 '0'을 만드는 곳이 많다. 이런 곳에 컨설팅을 하다 보면 관리자들과 현장 직원들의 갭이 심하다는 것을 알 수 있다. 여기에 더 복잡한 문제는 고객들의 VOC를 정리한 데이터는 또 다른 접점을 가리키고 있다는 것이다.

'관리자 – 직원 – VOC'가 서로 매칭이 안 되고, 다른 시선으로 다른 곳을 바라보고 있는 기업이 많았다. 이렇게 다르니 어떻게 고객 만족을 일으킬 수 있겠는가?
이런 문제를 해결하기 위해 맞춤형 가경CS매뉴얼은 서비스 순간을 연결하라고 제안하고 있다.

얼마 전 강의를 했던 요양병원의 사례를 들어보자.
'낙상, 질식, 심정지 등'
직원들이 말하는 서비스 순간에는 이런 것들이 있었다. 그래서 먼저 해당의 접점에서 담당자, 행동, 체크리스트, 대화를 찾아 보게 했다.

낙상을 예로 들어보자.

1. (접수) 환자가 낙상을 해서 주변 사람 또는 환자가 직접 비상벨을 누름

2. (접수) 요양보호사가 30초 안에 환자에게 도착

3. (처리) 간호사 도착

4. (처리) 간호사는 환자의 상태를 살피고, 요양보호사는 주치의에 상황을 알림

5. (처리) 5분 안으로 주치의 도착

6. (처리) 의사가 환자 상태 확인 후 봉합 실시

7. (결과) 보호자에게 연락하여 낙상 안내

8. (사후관리) 보호자 면담

더 자세한 내용은 의학 용어라 생략한다. 여러분 중에도 여기에서 마케팅 소재를 찾은 분이 있을 것이다.

컨설팅도 아닌 교육을 통해 병원장도 놀란 현장 직원들의 차별화된 마케팅이 숨어 있었다. 이것이 바로 30초, 5분 전략이다. 즉 요양보호사가 30초 안에 환자에게 도착해서 주치의가 해결할 수 있게 만드는 데까지 5분이 걸리게 한다는 것이다.

요양병원에서 80%의 불만을 차지하는 것이 '낙상' 사고라 한다. 낙상은 미연에 방지하기 위해 많은 노력을 기울여야 한다. 그래서 이전에는 낙상을 방지하는 CS매뉴얼이 만들어졌던 것이다.

하지만 내가 보기에는 몸이 불편한 어르신들에게 '낙상'은 정말 피해가기 어려운 사고라는 판단이었다. 그래서 예방보다 직면해서 해결의 방안을 제시한 것이다. 30초 안에 발견해서 5분 안에 해결한다는 매뉴얼을 제시한 것이다.

그 후로 해당의 요양병원은 맞춤형 가경CS매뉴얼 교육을 통해 30초 5분이란 차별화 마케팅을 내세우고 있다. 그 효과도 정말 좋게 나왔다.

서비스 순간 연결

1. 접수

2. 처리

3. 결과

4. 사후관리

How? 고객의 경험을 연결하라!

1. 서비스 모둠을 연결하라

구분	제품1	제품2	제품3
건물			
장비			
대상			
시기			
지식			
가치관			
고객 위치			
고객 트렌드			
고객 말			
담당			
방법			
시스템			

2. 서비스 단위를 연결하라

서비스 단위	구분	제품1
구매 전	건물	
구매 중	장비	
구매 중	대상	
구매 중	시기	
구매 중	지식	
구매 전	가치관	
구매 전	고객 위치	
구매 전	고객 트렌드	
구매 전체	고객 말	
구매 전체	담당	
구매 전체	방법	
구매 전체	시스템	

3. 서비스 순간을 연결하라

서비스 단위	서비스 순간	구분	제품1
구매 전	—	가치관	
		고객 트렌드	
		고객위치	
		건물	
구매 중	접수	고객 말	
		담당	
		방법	
		시스템	
		대상	
		시기	
		지식	
	처리	고객말	
		담당	
		방법	
		시스템	
		대상	
		시기	
		지식	
		장비	
구매 후	결과	고객 말	
,,,,	,,,,	….	

고객 응대 멘트로 연결하라

'옷이 날개다.'라는 말이 있다. 아무리 잘 구성된 매뉴얼이라도 접점 직원들의 응대 멘트가 잘못될 경우에는 성과를 내지 못 한다. 즉 접점 직원에게 날개를 달아주는 매뉴얼이 되어야 한다.

생각해 보자.

여러분이라면 다음의 상황에서 어떻게 응대하겠는가?

야구장에서 MC를 보고 있는데 회가 바뀌는 시간에 키스 타임을 가졌다. 이때 짓궂은 카메라맨이 남녀 연인을 클로즈업하지 않고, 남자 두 사람을 클로즈업 했다면 임기응변으로 어떤 멘트를 하겠는가?

"너무 무서운데 안아주시면 안 돼요? 숨이 터질 거 같아요."

스튜어디스로 일하고 있는데 기내 승객이 이렇게 말한다면 순간적으로 어떤 멘트를 하겠는가?

이런 돌발적인 상황을 매뉴얼로 만든다면 그것이 곧 빛을 발하는 매뉴얼로 자리 잡을 것이다. 그리고 이러한 돌발 상황도 지혜롭게 해결할 수 있도록 도와주는 것이 맞춤형 가경CS 매뉴얼이다.

이번 장에서는 CS 매뉴얼을 현장에서 실현시키는 고객응대 멘트들의 프로세스와 고객을 만족시키는 서비스 응대 화법, 그리고 특화해서 꼭 알고 있어야 하는 불만 고객응대 화법에 대해 다루었다.

1) 고객응대 프로세스
- 관계 맺기 전략을 활용하라

고객응대에도 틀이 있다. 강의할 때도 주제와 목차를 소개

하는 서론이 있고, 강의 내용에 대해 부주제별로 하나하나 풀어 놓는 본론이 있고, 서론과 본론을 연결해서 총체적으로 결합하는 결론이 있다. 고객응대도 이렇게 만들면 된다.

서비스를 받으러 오는 중, 왔을 때, 받고 난 후에 맞는 응대 매뉴얼을 만들어 보자. 매뉴얼을 뛰어 넘는 응용의 단계가 좋다. 현장에서 어떻게 하는가 살펴보자.

일반적으로 서비스에는 인서비스와 아웃서비스가 있다.

기업에서 어려워하는 아웃 서비스를 예로 들도록 하겠다. 아웃서비스의 대표적인 예가 바로 해피콜이나 만족도 조사에 해당한다.

우리 기업의 고객관계관리와 개선안을 찾기 위해 두 가지 아웃 서비스를 진행하고 있다. 그런데 고객들은 아웃 서비스를 정말 싫어한다. 나조차도 서비스 업계에 종사하고 있지만 아웃 서비스만큼 받고 싶지 않은 서비스도 없다.

"안녕하세요. 여기는 OOO입니다."

이렇게 전화를 받고 나면 마치 스팸 메일을 받은 듯 불쾌할 때도 있다. 따라서 아웃 서비스를 할 때 가장 듣기 싫은 소리가 다음 같은 말이다.

"저 지금 통화 불가능해요."
"저 지금 운전중이에요."

물론 정말 통화가 불가능한 운전 중일 수도 있지만, 고객 서비스 전화에 무조건 거절하고 보는 말일 수도 있다.

그런데 맞춤형 가경CS매뉴얼대로 기업의 이미지보다 서비스 직원와 상황을 떠올리게 하면 무조건 이런 식으로 거절하는 일이 훨씬 줄어들게 된다.

그렇다면 모두가 듣기 싫어하는 이런 거절 멘트를 줄이는 키 포인트는 무엇일까?

그것은 바로 관계맺기 전략이다. 아웃 서비스의 대부분은 전화 매체를 통해 진행하고 있다. 따라서 전화를 할 때 먼저 고객과 서비스 직원의 관계를 중요하게 부각시키는 것이다.

그 방법은 아주 간단하다. 전화를 할 때 고객의 뇌에 기업보다 먼저 서비스 직원과 상황을 먼저 떠올리게 하는 것이다. 고객도 사람이라 그러면 기업이미지보다 서비스직원의 이미지를 떠올리기 때문에 더 강렬한 인상을 받을 수 있다. 특히 삼성이나 현대와 같은 대기업은 이미 고객의 뇌에 기업의 이미지가 좋게 새겨져 있어 기업이미지가 중요하게 작용하지만, 그 외 작은 기업에서는 아직은 기업 이미지가 확실하지 않기 때문에, 무작정 전화부터 하면 스팸이나 피싱으로 오해받기 때문에 바로 전화를 끊는 경우가 많은 것이다.

그런데 이때 고객의 뇌에 기업의 이름보다 먼저 서비스 직원과 상황을 떠올리게 해서, 그것을 기회로 서비스에 관심을 갖고 호응할 수 있도록 하는 것이다.

이제 그 방법을 맞춤형 가경CS매뉴얼로 어떻게 관계를 맺는지 살펴보자.

"고객님, 안녕하세요. 지난 3월에 저희 매장에서 ○○ 구매해 가신 ○○○ 고객님 맞으시죠? 저 그때 도와 드렸던 매니저

○○○이에요. 기억하시죠?”

　“고객님, 안녕하세요. 지난 5월에 정기점검 받으신 ○○○ 고객님 맞으시죠? 그때 점검 받으신 거 기억하시죠?”

　이렇게 질문해서 고객의 뇌에 서비스 직원인 내 이미지와 상황을 그리게 하면 된다. 이렇게 질문을 하면 고객들은 대개 이렇게 대답한다.

　“아, 그때 그 키 큰 매니저님!”
　“아, 점검이요? 그때 누전차단기도 열고 받았었죠.”

　이렇게 서비스 직원과 상황을 구체적으로 떠올리게 하면 고객은 마음을 열어 적극적으로 서비스 직원의 말에 귀를 기울이게 된다.
　이것이 맞춤형 가정CS매뉴얼의 관계맺기 전략이다.

> 고객응대 프로세스 연결하기
>
> 1. 서론 본론 결론
>
> 2. 인서비스 고객응대 프로세스
>
> 3. 아웃서비스 고객응대 프로세스

2) 서비스 응대 화법

- 긍정 서비스 화법을 사용하라

"규정상 안 돼요."

"기다리세요."

"매장에 나오세요."

위의 멘트 중 업무 현장에서 자주 사용하는 멘트가 있다면 얼른 교정을 해야 한다. 위의 멘트를 우리는 일상언어라고 표현한다. 고객과 관계가 두터워서, 오래된 고객이라서 등 다양

한 이유로 이런 일상언어를 업무 현장에서 사용하고 있다면
다음과 같은 서비스 언어로 교정해야 한다.

　　〈일상언어〉　→　〈서비스언어〉

　　1. 부정어　　→　　긍정어

　　2. 명령어　　→　　의뢰어

　　3. 복사없음　→　　복사어

　전북대학교 경영학과 교수님께서 입증 논문 작성을 제안
하셨다. 과연 부정어를 긍정어로, 명령어를 의뢰어로, 복사 없
는 화술을 복사하는 화술로 바꾸면 고객만족이 일어날까? 논
문을 작성하면서 얻은 답은 정말로 고객만족이 일어난다는
것이다.
　그 후로 나는 논문을 작성하는 과정에서 얻은 입증 자료를
발판으로 커뮤니케이션 강의와 컨설팅을 할 때 마이너스 현
장 화법을 찾아 플러스 서비스 화법으로 교정하기 시작했다.

전라북도 소상공인 진흥원에서 CS강사 활동을 할 때 카페를 운영하던 사장이 질문했다.

"규정상 안 되는 건 안 되는 거지, 어떻게 그걸 긍정어로 이야기해요?"

"네, 맞아요. 사장님. 분명 규정에 의해 안 되는 것이 있지요. 하지만 '안 된다'라는 서비스를 받은 1명의 고객이 96명의 고객들에게 소문을 내서 고객들이 발길을 끊는다면 어떻게 될까요?"

"그럼 안 되죠."

"네, 안 되는 거 말고, 되는 규정을 찾아서 긍정어로 바꿔드리면 돼요. 사장님께서 안 된다고 하는 사례 하나만 알려주시겠어요?"

"요즘 카페가 많이 생기면서 아이스 아메리카노를 천 원에 판매하는 곳이 너무 많아졌어요. 그래서 어째요. 우리도 천 원 행사를 했는데, 행사 끝나고 와서 계속 천 원에 달라고, 얼마 전에 봤다고 우기는 거예요. 그래서 행사 끝나서 안 된다고 했더니 화내고 가더라구요."

"그런 일이 있으셨군요. 제가 한 대형마트 사례를 통해서 되는 방법을 알려드릴게요. 지금은 이 서비스가 공론화된 거 같은데 제가 이 서비스를 받을 때 깜짝 놀랐던 사례가 있어요. 제가 우유를 10개를 샀는데 계산원이 숫자를 잘못 세서 11개를 계산한 거예요. 그래서 영수증을 들고 고객만족센터에 갔어요. 그랬더니 죄송하다고 현금 5천 원을 주는 거예요. 기분은 좋았는데 그 다음에 우유 살 때는 그 마트에 안 갔어요. 왜냐하면 또 잘못 계산할 거 같고, 이미 마트가 많아서 굳이 그 마트에 갈 이유도 없었죠.

그런데 이번엔 다른 마트에 가서 우유를 산 거예요. 또 숫자를 잘못 센 일이 벌어졌어요. 그래서 저는 또 고객만족센터에 갔죠. 그랬더니 이번에는 현금이 아닌 상품권 5천 원을 주더라구요. 그 다음에는 상품권을 써야 하니 그 마트에 또 가게 되더라구요. 약간 상황은 다르지만 고객에게 부정적인 감정을 들게 하는 프로세스는 동일합니다. 그리고 고객에게 당근을 준 것도 동일한데 여기에 계속 오게 하는 당근과 거래를 끊게 하는 당근이 바로 현금 오천 원과 상품권 오천 원입니다. 만일 사장님께서 행사가 끝나서 안 되는 서비스에 대해 '안 돼요.'라고 말씀하시고 고객이 우겨서 천 원에 판매하셨다면 서로가 기분이 상하는 서비스가 되고, '천 원 행사는 마무리 되었지만, 제가 쿠폰에 도장을 더 찍어드릴게요.'라는 긍정어로 응대하셨다면 고객은 행사가 끝나서 천 원에 먹지 못한 아쉬움은 있지만, 부정어로 거절을 당하지 않았고, 그리고 이미 많이 찍혀져 있는 쿠폰에 도장을 채우기 위해 우리 카페에 다시 방문하게 될 겁니다."

"규정상 안 돼요." → "행사는 마무리 되었지만, 제가 쿠폰에 도장을 더 찍어드릴 수는 있어요."

이것이 부정 서비스 언어를 긍정 서비스 언어로 바꾸는 응대매뉴얼이다.

맞춤형 가경CS매뉴얼은 이렇게 서비스 응대화법을 고객과 기업이 윈윈할 수 있도록 긍정 언어 서비스 화법으로 연결하고 있다.

서비스 응대 화법으로 연결하기

1. 긍정화법

2. 의뢰화법

3. 복사화법

3) 불만고객 응대 화법

- 감정 코드를 헤아려라

"감사합니다. 콜센터 ○○○입니다. 무엇을 도와드릴까요?"

"거기 ○○ 맞죠?"

"제가 그 쪽 직원하고 오전10시로 약속을 했는데 그 직원
이 10시에 오지도 않고 연락도 없네요."

"아, 그러셨어요. 주소가 어떻게 되세요?"

"뭐요? 주소? 그 쪽 직원이 약속을 안 지켰다는데 주소부터
물어봐?"

"죄송합니다. 그런데 주소를 말씀해 주셔야…."

"넌 뭐야! 너도 똑같애! 대표 바꿔!"

"고객님, 주소를 말씀해 주셔야 재방문을…."

"그만 말하고 대표 바꾸라고!"

위에서 콜센터 직원은 무엇을 잘못 했을까?

주소를 물어본 것?

주소를 물어야 해결해 드릴 텐데 왜 고객은 화를 낼까?

이유는 공감하지 않았기 때문이다. 즉 고객의 감정코드를 맞추지 않아 고객이 화를 더 낸 상황에 해당한다.

현대인들은 타인으로부터 인정받고, 공감 받으려 하는 성향이 크다. 따라서 불만고객을 만났을 때는 우선 감정코드를 맞추어서 공감해 주는 방법이 불만고객 케어의 제1번이다.

그렇다면 위의 고객에게 어떻게 하는 것이 감정코드를 맞추는 것일까?

"에고, 그럼 지금 오후 4시니까 하루 종일 연락 기다리셨겠네요. 저희한테 전화 잘 주셨습니다."

"에고, 죄송합니다. 연락도 없었으니 많이 답답하셨죠."

먼저 이렇게 감정 코드를 맞추면 고객은 직원이 내 편이라 생각하고 화를 내기보다 해결책을 찾아 달라고 제안을 한다.

고객의 문제를 신속하게 해결하는 것도 중요하지만, 먼저 고객의 감정 코드부터 헤아리고, 그에 맞는 응대 멘트를 할 수 있도록 이끌어 주는 것이 맞춤형 가정CS매뉴얼의 비법이다.

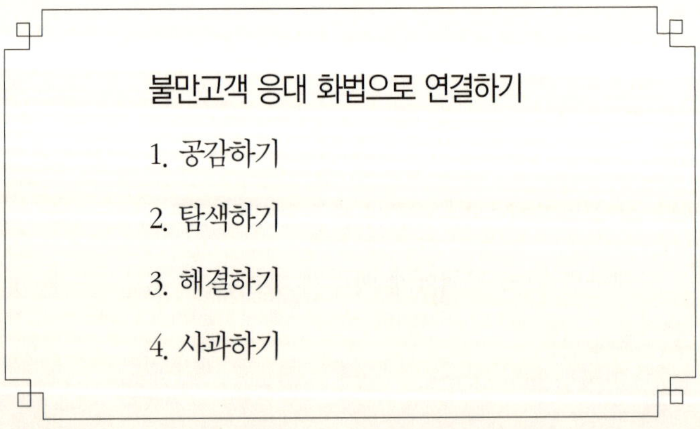

How? 고객 응대 멘트로 연결하라!

1. 고객 응대 프로세스로 연결하라

   – 관계 맺기 전략을 활용하라

마이너스 고객 응대	플러스 고객 응대
(예시) 고객님, 안녕하세요. ○○회사입니다.	고객님, 안녕하세요. ○○○ 고객님 맞으시죠? 지난번 고객님 도와드린 ○○○ 매니저에요. 기억하시죠?

2. 서비스 응대 화법으로 연결하라

- 긍정 서비스 화법을 사용하라

마이너스 고객 응대	플러스 고객 응대
(예시) 규정상 안 됩니다.	고객님, ~~~는 가능합니다.

3. 불만고객 응대 화법으로 연결하라

- 감정 코드를 헤아려라

마이너스 고객 응대	플러스 고객 응대
(예시, 바로 해결책 문의) 고객님, 실례지만 주소가 어떻게 되세요?	고객님, 많이 당황스러우셨죠. 제가 정확하게 해결할 수 있도록 도와드리겠습니다. 고객님, 실례지만 주소가 어떻게 되세요?

체크리스트로 연결하라

CEO : 매뉴얼은 잘 만들었는데 직원들이 하는지 안 하는지 모르겠네요.

관리자 : 매뉴얼로 성과를 내는 방법이 없을까요? 투자 대비 성과 보고를 해야 하는데 방법 좀 알려주세요."

접점 직원 : 저희 규제하고 통제하려고 만드는 거 알아요. 모든 기준이 관리자가 감시하기 좋게 만들어져 있어요.

오너의 매뉴얼에 대한 비판적 시각, 관리자의 매뉴얼에 대한 책임감, 그리고 접점 직원들의 매뉴얼에 대한 불만이 많다.

이런 불만 사항을 모두 해결할 수 있는 것이 바로 맞춤형 가경CS매뉴얼의 체크리스트다.

체크리스트는 위의 불만을 해소하기 위해 외부에서 좋은 자료를 가져오는 것이 아니라 우리 자사에서 만들어야 현장에 맞고, 직원들에게 도움을 주는 성과를 창출할 수 있다.

1) 체크리스트 구성 요소

"지혜로운 머리, 배려하는 마음, 겸손한 자세."

내가 추구하는 CS매뉴얼을 개발 방침이다.

이 방침 안에는 우리가 찾고 있는 체크리스트가 모두 들어 있다. 그리고 이 체크리스트는 서비스 모둠과 모두 연결이 되어져야 한다.

첫째, 지혜로운 머리는 서비스 모둠에서 대상, 시기, 지식 등과 연결되어야 한다. 다음과 같은 것을 챙겨봐야 한다.

서비스 전 고객에게 업무에 대해 설명을 했는가?

서비스 후 결과에 대해 설명했는가?

사후 서비스에 대한 안내를 했는가?

둘째, 배려하는 마음이 서비스 모둠에서 가치관, 비전, 미션 등과 연결되어야 한다. 다음과 같은 것을 챙겨봐야 한다.

설명 중 고객과 시선을 마주치며 대화하였는가?

고객의 질문에 적극적으로 답변해 주었는가?

설명 중 경어를 사용했는가?

셋째, 겸손한 자세는 서비스 모둠에서 담당, 방법 등과 연결되어야 한다. 다음과 같은 것을 챙겨봐야 한다.

담당자는 용모와 복장을 단정하게 했는가?

담당자는 사원증을 착용하고, 명함을 준비하였는가?

담당자는 유니폼을 올바르게 입었는가?

이렇게 체크리스트를 만들어 현장 직원들이 매뉴얼 활용

을 극대화시킬 수 있다.

체크리스트 구성 요소

1. 지혜로운 머리

2. 배려하는 마음

3. 겸손한 자세

---

2) 업무별 체크리스트

"일반 상담 체크리스트로 세일즈 상담을 체크한다면?"

"세일즈 상담 체크리스트로 일반 상담을 체크한다면?"

당연히 내부 직원들의 불만은 올라갈 것이고, 배는 산으로 갈 것이다.

두 업무의 목표는 다르다. 일반 상담의 목표는 고객 케어에 있고, 세일즈 상담은 성과에 목표가 있다. 목표가 다르기 때문에 필요한 역량이 다르다.

해당의 잘못된 체크리스트는 직원들에게 역량의 모호성을 낳게 하는 원인이 된다.

업무별로 체크리스트를 만드는 방법은 다음의 세 가지를 고려해야 한다.

첫째, 전방 직원들의 고객 접점 체크리스트를 만들어야 한다.
둘째, 후방 직원들의 업무 체크리스트를 만들어야 한다.
셋째, 업무 스킬 별 체크리스트를 만들어야 한다.

제대로 된 체크리스트를 통해서 직원들 스스로가 본인에게 필요한 역량을 알아차리게 하고, 자기계발의 길을 제시해준다.

> 업무 별 체크리스트
>
> 1. 전방 직원 고객 접점 체크리스트
>
> 2. 후방 직원 업무 체크리스트
>
> 3. 업무 스킬 별 체크리스트

3) 체크리스트 업데이트

만들어진 체크리스트는 계속된 업데이트가 필요하다. IT의 발전으로 시스템이 발전되면서 업무 프로세스가 계속 변화되기 때문이다.

체크리스트를 업데이트할 때 고려할 사항은 다음의 세 가지가 있다.

첫째, 고객만족 요소를 고려해야 한다. SERVQUL이라고 해서 고객을 만족시키는 데에는 5가지 요소가 있다. 유형성, 신뢰성, 반응성, 공감성, 확신성이 여기에 해당한다. IT의 발전으로 반응성이 약화되고 있다. 홈쇼핑을 예로 들면 물건을 반품할 때 텔레마케터들이 이에 대한 반응을 했지만, 지금은 IVR 멘트에서 모든 것을 해결해 주고 있다. 이렇게 시스템이 바뀌었다면 고객만족 요소 체크리스트 중 반응성은 교정을 해야 한다.

둘째, 기업별 서비스 품질 평가 요소를 고려해야 한다. 서비스 품질 평가 요소는 기업의 종류에 따라 달라진다. 서비스 품질 조사 이름이 이를 말해준다. 공공기관과 공기업은 PCSI라고 하고 우리나라 기업의 서비스 품질 조사는 KCSI, NCSI 그리고 추천의향을 묻는 NPS 등이 있다. 이런 다양한 서비스 품질 항목과 기업의 형태에 맞게 체크리스트를 업데이트 해야 한다.

셋째, 총체적 마케팅을 고려해야 한다. 모든 체크리스트는 하나의 선으로 연결되어 총체적 마케팅이 되도록 해야 한다. 담당자별, 업무별, 스킬별로 체크리스트를 만들었다고 해서 이들이 연결되지 않으면 고객만족의 곱셈의 법칙에 의해 불만족을 하는 매뉴얼이 될 수 있다.

체크리스트의 계속된 업데이트까지 진행하기 위해 컨설팅을 기본 3개월로 잡는다.

현장 적용도, 내부 고객만족의 원칙을 지키기 위한 것이 맞춤형 가경CS매뉴얼의 자부심이다.

체크리스트 업데이트

1. 고객만족 요소

2. 기업 별 서비스 품질 평가 요소

3. 총체적 마케팅 관리

: 용어 정리

1. 공공기관 고객만족지수 (PCSI : Public-service Customer Satisfaction Index)

공공기관의 고객만족수준을 점검하고, 고객만족을 높이기 위해 주력해야 할 부분을 발굴하며, 고객만족으로 인한 기대 효과까지 도출이 가능한 인과모형을 말한다.

2. 한국 고객만족지수 (KCSI : Korean Customr Satisfaction Index)

한국산업의 상품 및 서비스에 대한 고객의 만족 정도를 나타내는 종합지수를 말한다.

3. 국가고객만족지수 (NCSI : National Customr Satisfaction Index)

기업을 비롯하여 산업, 경제부문, 국가 차원의 품질경쟁력을 향상시키고자 하는 목적으로 만들어졌다. 기업의 목표 중 하나인 고객만족을 추구하고 관리하기 위한 것으로, 정확한 고객만족도를 측정할 수 있는 지표를 제공하며 나아가 기업의 성과도 측정할 수 있는 중요한 측정수단이다. 한국생산성본부가 미국 미시간대학교의 국가품질연구소(National Quality Research Center)와 공동으로 개발하였다.

4. 서비스 품질 (SERVQUAL : Service Quality) :

1985년 PZB(Parauraman, Zeithaml, Berry)라는 세 사람의 학자가 발표한 모델로 서비스 품질의 특성을 10가지 차원(유형성, 신뢰성, 반응성, 고객이해, 접근성, 커뮤니케이션, 안전성, 신용도, 능력, 예절성)을 말한다. 1988년에 10개에서 5개(유형성, 신뢰성, 반응성, 공감성, 확신성)로 재정의 된다.

How? 체크리스트로 연결하라!

1. 체크리스트 구성요소

1) 지혜로운 머리 : 대상, 시기, 지식 등

평가기준	평가점수		
	우수	보통	미흡
서비스 전 고객에게 업무에 대해 설명을 했는가?			

2) 배려하는 마음 : 가치관, 비전, 미션 등

평가기준	평가점수		
	우수	보통	미흡
설명 중 고객과 시선을 마주치며 대화하였는가?			

3) 겸손한 자세 : 담당, 방법 등

평가기준	평가점수		
	우수	보통	미흡
담당자는 용모와 복장을 단정하게 했는가?			

2. 업무 별 체크리스트

　전방 직원 고객 접점, 후방 직원 업무, 업무 스킬별 체크리스트 종류를 정리해 보세요.

3. 체크리스트 업데이트

　고객만족 요소와 서비스 품질 그리고 총제적 마케팅 관리를 위한 체크리스트 업데이트 내용을 정리해 보세요.

Part 4

How?
실행하라

당신은 세상에서 가장 멋진 곳을
설계하고 건설할 수 있다.
그러나 그 꿈을 현실로 만드는 데는
사람들이 필요하다.

– 월트 디즈니

현장에서 실행하라

1) 총체적 참여

- 리더 먼저 참여하기

모 기업의 인사 담당자가 말한 콜센터 센터장들의 고민은 다음과 같았다.

"우리 직원들을 무엇으로 기쁘게 해줄 것인가? 무엇으로 재미있게 해줄 것인가?"

정말 계속되는 고민이었다. 그리고 이 고민을 실행에 옮기기 위해 '입사 1주년 행사', '빼빼로 데이 뽑기 이벤트', '송년회', '해외여행 로또 이벤트' 등을 기획했다. 기획할 때는 힘들고 피곤했지만 직원들의 웃는 얼굴을 보면 고단함은 눈 녹듯 사라지곤 했다. 그리고 나의 노고가 눈 녹듯 사라지듯 우리 직원들의 기쁨과 재미도 일시적이라는 것을 알았다.

그렇다면 조금 더 장기화할 수 있고 직원들과 유대관계를 깊게 하는 이벤트는 무엇일까?

그것은 장마철 한국전기안전공사 콜센터 이야기를 통해 알아볼 수 있다.

깊은 밤을 지나 동이 틀 때가 가까워지는 새벽 4시, 야간직원에게서 전화가 온다.

"센터장님, 나오시지요."

"예."

센터에 출근해서 데이터를 내리니 이미 전화는 10배 이상이 많아진 상태였다. 이런 날이면 맨 얼굴로 출근해서 새벽 5시도 안 된 시간에 비상 출근 직원들에게 전화를 걸고, 기상변화로 인해 쏟아지는 전화량이 잠잠해질 때까지 전화를 받는다. 비상 출근한 직원들도 초췌하고, 잠결에 출근한 나도 말로 표현할 수가 없다. 정상 출근한 직원들의 놀림을 받기 일쑤다. 그래도 우리는 쌩얼인 우리를 보고 놀라며 웃는 직원들, 물도 떠다주고 서로 격려해 주는 우리 직원들을 보는 게 나는 정말 행복했다.

처음엔 응대율을 어느 정도 보존하기 위해서, 그리고 근무 시간 중 잠깐이라도 휴식을 취할 수 있는 자리가 센터장이라 새벽이든 깊은 밤이든 전화가 터지면(콜센터에서는 전화 폭주를 '터진다'라고 표현한다) 자동차에 시동을 켜고 센터로 향했다. 그런데 전화를 받으면 받을수록 이런 생각이 들었다.

'내 매뉴얼이 잘못 되었나?

콜센터의 서비스는 말맛이 살아나야 하는데 딱딱한 문어체가 많았고, 발음이 어려운 문장들도 많았다.

그래서 내 콜을 가지고 셀프 모니터링을 해가며 매뉴얼을
교정해 나갔다.

센터장이나 관리자들이 현장체험을 하거나 나처럼 전화를
받을 만큼 한가한 자리도 아니라는 것은 충분히 알고 있었다.
전화를 받은 날에는 다음 날 새벽까지 업무를 진행해야 하는
적도 많았다. 그러다보니 하루는 새벽에 사무실에서 나왔는데
감옥소를 탈출하는 느낌이 들 때도 있었다.

그래도 우리는 관리자 아닌가? 관리자는 현장을 체험해야
한다. 그래야 만들어진 매뉴얼의 무엇이 잘못 되었는지, 어느
부분을 교정해야 하는지 찾을 수 있었다. 직원과의 유대관계
도 형성할 수 있다.
지금 바로 관리자의 문을 열고 현장으로 나가보면 어떨까?
현장에 나가야 매뉴얼의 현장 적용도 진단이 가능하다.

2) 열린 참여

- 브레인스토밍하기

"오늘은 저와 스무고개 게임을 할게요. 다들 스무고개 아시죠? 자, 지금 제 책상 아래 물건 하나를 넣어놨어요. 그게 무엇인지 게임으로 맞춰볼게요."

"살아있나요?"

"음, 지금은 죽었네요."

"색깔은요?"

"노란색이요."

"먹을 수 있나요?"

"네."

"달콤한 맛인가요?"

"아니요"

"신맛인가요?"

"네."

"그거 맥주에 넣어 먹죠?"

“네.”

여기까지 질문만으로도 어느 정도 맞출 거 같다. 답은 바로 “레몬”이다.

내가 많이 사용한 브레인스토밍 기법은 바로 스무고개 게임이다. 이 게임을 사용한 이유는 고객들의 니즈를 파악하는 데 질문의 필요성과 양보다는 질이 높은 질문을 해야 한다는 동기부여를 위해서다.

한국전기안전공사의 매뉴얼을 만들 때 맨 처음 맨붕에 빠지게 했던 부분이 고객의 말에서 11개의 업무를 나누는 것이었다. 고객들은 모두 동일하게 이렇게 말씀하셨다.

“저기요. 전기를 점검 받으려구요.”

위 멘트를 듣고 11개의 업무를 나누라니 정말 머리가 하얘졌다. 이에 대한 해결책은 스무고개를 통해 고객의 니즈를 찾는 핵심질문을 만드는 것이었다. 정말 우리 직원들이 없었다면 절대 매뉴얼을 만들 수 없었을 것이다.

스무고개 게임을 통해 업무 1개 당 핵심질문 3개씩을 만들었고, 11개의 업무를 핵심질문을 통해 어느 업무로 가야 하는지 도식표도 만들었다. 그리고 이 도식표를 교육에 활용하니 신입 직원들의 교육 만족도는 당연히 높게 나왔다.

현장 직원들과 재미있는 게임을 통해 업무를 찾아가는 것이 바로 맞춤형 가경CS매뉴얼의 특징이다.

3) 피드백 참여

"회의할 때 직원을 칭찬하라고 하는데 제가 얼굴이 빨개지고 부끄러워서 못 하겠어요."

우리나라만큼 칭찬에 인색한 곳은 없을 거 같다. 강의를 할 때도 "서로 칭찬해 볼까요?"라고 하면 다들 부끄러워서 어떻게 할 줄을 모른다. 그런데 부끄럽다고 칭찬을 안 할 것인가? 칭찬은 고래도 춤추게 한다고 하는데?

맞춤형 가경CS매뉴얼을 더욱 빛나게 하는 피드백 실행의 키포인트는 바로 칭찬 피드백이다. 서로가 부끄럽지 않게 하고 효과는 극대화하는 방법을 소개한다.

첫째, '잘 했어요.'와 같은 칭찬 도장을 사용한다. "유치원생도 아니고 무슨 칭찬 도장이에요"라고 말씀하시는 분도 계시지만, 칭찬 도장은 서로가 부끄러워하지 않고 수시로 칭찬할 수 있는 정말 좋은 방법이다. 결과보다 과정을 중시하는 리더라면 직원에게 칭찬할 일이 있을 때 직원 카드를 꺼내어 칭찬 도장을 찍어주자. 그리고 매월 정산해서 프로모션에 '도장왕'을 만들어 이벤트를 해주면 직원들의 행복한 표정을 볼 수 있다.

둘째, 돈 안 드는 보상이다. 돈이 들지 않는 보상에는 무엇이 있을까? 그것은 바로 상장이다. 상장은 종이인데 무슨 효과가 있을까? 의아해 할 수 있지만 상장에 명분을 만들고, 센터의 제일 높은 리더가 상을 받는 직원의 이름을 불러주는 것만으로도 직원은 행복해 한다. '나의 존재를 리더가 알고 있구나'라는 자존감의 형성으로 행복함을 생기게 한다.

셋째, 승진이다. 고객사에서 도급비를 받고 운영하는 업체에서 근무를 하다 보니 운영비 안에서 극대화할 수 있는 방법을 많이 찾는다. 그 방법 중 하나가 바로 승진이다. 조직 안에는 공식 리더와 비공식 리더가 있다. 공식 리더는 결재 라인이 많지만, 비공식 리더는 바로 윗분의 결재만 받으면 된다. 우리 회사 조직의 특성을 빠르게 파악해서 바로 윗분만 설득하면 되는 비공식 리더 자리를 만들고 직책 수당으로 보답하면 좋다.

피드백도 매뉴얼이다. 고객사의 자산, 조직의 문화, 조직원의 특성까지 고려해서 직원들을 동기부여하고 자존감을 높여주는 피드백 매뉴얼까지 만드는 것이 바로 맞춤형 가경CS매뉴얼의 특징이다.

How? 현장에서 실행하라!

1. 총체적 참여를 실행하라

2. 열린 참여를 실행하라

3. 피드백 참여를 실행하라

교육을 실행하라

매뉴얼 작성 비법 책에 교육에 대한 내용을 담은 이유는 다음의 CS 교육 패러독스 때문이다.

"CS 교육 시간은 휴식시간이야."

CS 교육의 다양성을 볼 때 CS 교육 시간을 휴식시간으로 생각하는 건 당연하다. 웃음치료 교육, 스트레칭 교육, 명상 교육 등이 휴식시간으로 생각할 수 있게 만들 수 있다. 하지만 CS 매뉴얼 교육만은 해당의 패러독스에서 직원들을 건져 올려야 한다.

"자꾸 귀찮게 하는 시간이야."

CS 교육의 도구로 전지와 포스트잇이 있다. 전지를 배포하면 "여기에 적어야 해요?"라고 질문이 들어온다. 이런 질문을 들을 때 나도 자괴감에 빠지곤 한다.

'내가 아직 이 교육에 대한 필요성을 못 끌어냈구나!'

작성한다는 것을 귀찮게 하는 것이 아니라 나의 현재 CS 상태를 점검하게 해주는 진단지로 만들 수 있도록 해야 한다. 그리고 이러한 진단지를 보고 강사는 직원에게 꼭 필요한 생산성을 올리는 스킬을 전달해야 한다. 그래야 귀찮게 하는 시간이란 패러독스를 깰 수 있다.

"훈계 시간이야"
여러분 중에 관리자가 있다면 불만만 이야기하는 직원들이 면담을 하고 싶다고 할 때 어떤 생각이 드는지 묻고 싶다. 반면에 아이디어를 제공하고 개선안을 알려주는 직원이 면담을 하자고 하면 또 어떤 생각이 드는지도 묻고 싶다.

CS 교육 시간을 훈계 시간이라고 생각하는 직원의 상사는 불만만 말하는 직원과 아이디어를 제공하는 직원 중 누구에 해당할까?

바로 불만만 말하는 직원과 동일하다고 말할 수 있다. 개선안이 없는 훈계는 직원들에게 교육 기피 심리만 줄 뿐이다. 문제의 원인만 질책하지 말고, 현장에 도움이 되는 꼭 필요한 교육 프로그램을 만들어 줘야 한다.

1) KPI 분석하기

"왜 이 직원은 1년이 넘었는데도 평균 콜 타임이 안 나올까? 우리가 평균 콜 타임이 3분 맞지?"

"네, 1년 넘은 직원들은 3분이 맞아요."

"흠, 그런데 이 직원은 계속 5분이네. 이렇게 하면 본인도 성과가 나오지 않아서 회사에 대한 애사심도 떨어지지 않을까?"

"따로 이야기해 봤는데 본인도 힘들어 하더라구요."

"그럼 강사님이 이 직원한테 해 온 강의는 무엇이 있어?"

"불만고객 응대랑 서비스 화법 강의요."

"그 직원이 불만고객 응대랑 서비스 언어 사용을 잘 안 해?"

"아니요. 잘 해요. 오히려 다른 직원들보다 불만고객 응대는 더 잘해요. 그런데 생산성이 안 나오니 저도 고민이에요."

센터에 있을 때 사내강사와 나눈 대화다. 1년이 넘었음에도 콜 타임이 줄지 않아 낮은 인센티브를 받아가는 직원이 안타까워 강사와 나는 머리를 맞대고 연구를 했다. 그리고 해답을 찾았다. 그 해답은 바로 KPI에 있었다.

KPI에는 여러 가지 요소가 있다. 근무태도, 직무평가, 상담 품질 등등 이들 중 이 직원의 생산성을 높이는 가장 빠른 방법은 바로 상담품질 관리였다.

상담을 결정짓는 품질 요소에서 평균 콜 타임이 다른 직원보다 2분 이상 길었던 이 직원의 문제점은 바로 공감 및 양해 표현이 너무나도 잦았다는 점이었다. 해결책을 제시할 때도, 고객이 반복된 이의를 제기할 때도 공감도 하고 양해 표현도 더불어 하다 보니 다른 직원보다 콜 타임이 길 수밖에 없었다.

그래서 해당 직원에게 셀프 모니터링을 진행하게 해서 모든 통화 내용을 타이핑하게 했다. 그리고 말하지 않아도 되는 공감과 양해 표현을 스스로 지워보라고 이야기했다. 직원이 스스로 수정한 대본으로 역할 연기를 진행했고, 이를 녹음해서 듣게 했다. 공감과 양해 표현을 감소시키니 본인 스스로도 더 자연스럽고 편안한 전화 상담이 된다고 했다. 그리고 이를 반복하며 트레이닝을 진행하니 해당 직원은 너무 고맙게도 본인의 습관 표현을 고쳐서 KPI를 올리는 성과를 가져왔다.

기업마다 그리고 각 부서의 업무마다 각각의 KPI가 있다. 현재까지 KPI를 직원의 인센티브 자료로만 활용하고 있는 기업이 있다면 맞춤형 가경CS매뉴얼을 만들어 보라고 적극 권장한다.

생산성을 올리라고 직원을 닦달할 것인가?

1년 이상의 KPI를 분석해서 생산성을 올릴 수 있는 길을 직원에게 알려줄 것인가?

선택은 여러분에게 있고, 해답은 맞춤형 가경CS매뉴얼에 있다.

2) 교육 프로그램 개발하기

"A직원은 고객에게 친절하기는 한데 해결력이 떨어져요. 그리고 B직원은 해결력은 좋은데 딱딱하게 말해서 고객들이 불친절하다고 말해요. 이 둘을 섞으면 딱 좋은데 방법이 없을까요?"

관리자라면 이런 고민을 한번쯤은 해봤을 것이다. 나 역시 정말 섞고 싶은 직원들이 있었다. A와 B직원을 서로 섞는 방법은 강의 주제에서 해결하려고 하지 않고, 강의를 푸는 방법에서 해결하라고 맞춤형 가정CS매뉴얼은 제안한다.

교육을 구성하는 데는 4가지가 있다. 강의 대상, 콘텐츠, 도구, 그리고 방법이다.

이 4가지 중 고민의 해결책은 바로 강의 방법에 있다. A와 B를 파트너로 맺어 역할연기를 하게 하는 것이다. 그러면 직원 A는 내가 알지 못했던 업무의 해결책을 현장에서 함께 일하는 B를 통해 얻을 수 있고, B는 딱딱한 자신의 응대를 A를 보며 친절하게 바꿔나갈 수 있다.

강사가 꼭 답을 알려주려고 하지 않아도 된다. 동료와 함께 고민하는 시간을 주고, 서로 정보를 주고 받는 협업의 시간을 제공하면 사내강사가 알려주는 꿀책보다 실행력이 더 올라간다.

당근을 주려하지 말고, 당근을 채취할 수 있는 길을 알려주는 것도 교육 프로그램 개발에서 꼭 고려해야 할 사항이다.

3) 교육 검토하기

교육은 실행했다고 끝나지 않는다. 바로 검토까지 이루어져야 교육 실행이 마무리가 되는 것이다.

교육 검토 방법에는 다음의 세 가지가 있다.

첫째, 교육 만족도 조사다. 콘텐츠는 현장에서 꼭 필요한 내용인지, 학습자의 흥미를 끄는 학습 도구를 사용했는지, 동기를 부여하고 실행력을 강화하는 교육 방법을 진행했는지에 대한 검토를 해주는 것이 바로 교육 만족도 조사다.

둘째, 모니터링이다. 모니터링 방법에는 여러 가지가 있다. 매월 정기적으로 사내 담당직원이 진행하는 모니터링, 외부에 의뢰해서 하는 외부 모니터링, 그리고 이슈가 발생한 후 교육을 진행하고 이뤄지는 이슈 모니터링이다. 자사의 특성과 업무의 특이사항, 그리고 이슈사항들을 모두 고려하여 직원들의 업무 만족도를 높여줄 수 있는 모니터링 조사지를 개발해야 한다.

셋째, 내부 고객 만족도 조사다. 내부 고객 만족도 조사 항목에는 근무환경, 조직문화, 비전 그리고 교육 지원 등 다양한 요소가 있다.

매뉴얼 개발로 끝내지 않고, 이를 현장 직원들과 긴밀하게 연결시키는 교육 프로그램 개발, 더 나아가 성과 지표 산출까지 확인할 수 있는 것이 바로 맞춤형 가경CS매뉴얼이다.

How? 교육을 실행하라!

1. KPI 분석부터 실행하라

2. 교육 프로그램 개발을 실행하라

3. 교육 검토를 실행하라

새로운 매뉴얼 개발을 실행하라

매뉴얼을 하나로 생각하기 쉽다. 하지만 나는 한 기업에서 6개의 매뉴얼을 만든 적이 있고, 이미 기존에 3개 이상의 매뉴얼이 있음에도 또 다른 새로운 매뉴얼을 작성한 적도 있다.

매뉴얼은 업무 특성에 따라 만들어진다. 업무 특성에 따라 만들어진다고 해서 작성법이 각각 다른 것이 아니다. 불만고객응대 매뉴얼을 예로 들어 보겠다.

첫째, 찾아야 한다. 고객의 다양한 불만 소리를 찾아야 하고, 상품별로 어떤 불만 있는지를 찾아야 한다. 상품의 특징이 다 다르기 때문에 발생하는 불만사항 역시 다르다.

둘째, 연결해야 한다. 책에서 기술한 봐와 같이 불만고객응대 화법으로 연결해야 하고, 이에 대한 해결책과 담당부서는 누구인지를 모두 연결해야 한다.

셋째, 실행해야 한다. 불만고객 응대 교육을 실행해야 하고, 동일한 불만이 발생되었을 때 케어 속도가 빨라졌는지 그 전보다 불만 강도가 낮아졌는지 등등 실행을 통해 검토 과정까지 이루어져야 한다.

하나의 매뉴얼을 만들었다고 책꽂이에 꽂아두면 안 된다. 언제나 항시 옆에 펼쳐두고 업데이트하고 현장 활용도를 높일 수 있도록 수정해야 한다.

How? 매뉴얼 개발을 실행하라

Epilogue

고객님~ 까꿍!

미션1부터 9까지 모두 성공하셨지요?

제 책과 함께 맞춤형 CS 매뉴얼을 개발하신 독자 여러분들께 축하의 인사와 감사의 마음을 전합니다.

이 책을 집필하기까지 제게도 '1만 시간의 법칙'이 따랐습니다. 올해가 CS강사 10년 차이니 하루 근로 시간 8시간을 10년으로 계산해 보면 1만이 아닌 2만 시간이 훨씬 넘는 시간입니다.

그 동안 제 자신만의 브랜드를 찾기 위해 학업과 강의 그리고 컨설팅을 병행하며 '맞춤형 가경CS매뉴얼'을 집필하게 되었습니다.

그러니 제 책을 보고 작성하신 CS매뉴얼이 무언가 충족되지 않은 느낌이 드시더라도 실망하지 마시고 계속 업데이트 해주시면 감사하겠습니다.

더불어 매뉴얼을 완성하셨다면 그 안에서 고객님의 얼굴에 한 가득 미소가 담길 수 있는 접점을 찾아보시기 바랍니다.

어떻게 하냐구요?

아동복 매장에서 그 방법을 찾아볼까요?

5살 정도 보이는 꼬마 아가씨가 엄마와 함께 아동복 매장에 등장합니다. 이것저것 많은 옷을 입어만 봐서인지, 본인이 갖고 싶은 장난감을 안 사줘서 그런지 얼굴이 뾰루뚱 했습니다. 어머니가 매장 직원에게 이야기합니다.

"다음 주 생일잔치에 입을 옷 좀 추천해 주세요."

"어머, 우리 공주님이 다음 주 생일이군요. 세상에서 제일 예쁜 옷으로 골라드릴게요."

직원이 웃으며 말을 걸어도 꼬마 아가씨는 웃지 않습니다. 주인공이 옷을 입고 환하게 웃어야 엄마가 만족하고 옷을 구매할 텐데 직원은 옷을 선별하며 많은 고민에 빠집니다. 세 벌 정도 옷을 골라 아이 엄마에게 승인을 받고, 직원은 아이에게 옷을 갈아입힙니다. 그리고 상의를 입으며 얼굴이 나올 때마다 직원은 환희 웃으며 아이에게 말합니다.

"공주님~, 까꿍!"

처음엔 쑥스러워하더니 두 번째, 세 번째에는 아이가 '까르르' 웃습니다. 옷을 입고 환희 웃는 아이를 보고 엄마가 웃자 판매에 성공합니다.

고객을 웃게 하는 거 이제 어렵지 않으시죠? 강사들도 학습자들의 표정이 굳어있을 때 아이스브레이킹으로 '까꿍~' 놀이를 합니다. 여러분들도 모두 고객님과 함께 '까꿍~' 하며 화기애애한 분위기 만들기에 꼭 도전해 보시기 바랍니다.

그리고 이 모든 것은 '맞춤형 가경CS매뉴얼'이 있어야 응용력을 발휘할 수 있다는 것 꼭 기억해 주세요. 감사합니다.

끝까지 읽어주신 모든
"고객님~ 까꿍!"